本书由陕西省文物局文物保护
专项资金支持出版

陕西师范大学历史文化遗产保护教育部工程研究中心
历史文化遗产保护科学研究系列丛书
咸阳博物馆合作出版

西汉彩绘兵马俑修复与保护

李玉虎　编著

科　学　出　版　社

内 容 简 介

本书是一本陶质文物彩绘修复保护专著，也是一项历时 17 年研究的课题。该书共包含七个方面：第一，病害成因与机理研究；第二，病害治理机理分析；第三，修复材料筛选与性能表征，对回位修复剂进行筛选以及对附着力、柔韧性的测试；第四，加速老化系统评价，包含高温高湿与低温冷冻交替、盐雾、氧化、光老化等各项进行分析测试；第五，修复工艺实践研究。如对龟裂、起翘、脱落、酥粉彩绘层的回位修复等；第六，治理效果对比，对修复前后的详细记录摄影；第七，跟踪观察档案记录。

本书适宜从事文物保护、科技考古、考古学等相关专业的研究人员及高校相关专业师生阅读、参考。

图书在版编目（CIP）数据

西汉彩绘兵马俑修复与保护 / 李玉虎编著. —北京：科学出版社，2013.12

（陕西师范大学历史文化遗产保护教育部工程研究中心历史文化遗产保护科学研究系列丛书）

ISBN 978-7-03-039402-6

Ⅰ. ①西… Ⅱ. ①李… Ⅲ. ①陶俑 – 器物修复 – 研究 – 中国 – 西汉时代②陶俑 – 文物保护 – 研究 – 中国 – 西汉时代 Ⅳ. K878.94

中国版本图书馆CIP数据核字（2013）第306754号

责任编辑：孙 莉 樊 鑫 / 责任校对：邹慧卿
责任印制：赵德静 / 版式设计：金舵手

科学出版社 出版
北京东黄城根北街16号
邮政编码：100717
http：//www.sciencep.com

文物出版社印刷厂 印刷
科学出版社发行 各地新华书店经销

*

2013年12月第 一 版 开本：787 × 1092 1/16
2013年12月第一次印刷 印张：10
字数：197 000

定价：168.00元

（如有印装质量问题，我社负责调换）

编著委员会

主　编

李玉虎

副主编

邢惠萍　王晓谋

编　委

（以姓氏笔画为序）

王晓谋　邢惠萍　李玉虎　汪娟丽

单晓娟　胡道道　曹　明

序

陶质彩绘保护修复是文物保护领域的热点课题。硅酸盐陶质文物性质与彩绘层存在差异，使彩绘层的病害更为严重，相当部分已濒临自毁。彩绘的病害有龟裂、起翘、脱落、酥粉、风化褪色等，病因很复杂。有些彩陶埋藏于地下高湿缺氧的环境中上千年，出土后因环境骤变导致褪色、龟裂起翘、脱落；有些彩陶的彩绘层与陶胎中含有盐分，出土后反复溶解析出导致酥粉；也有不少彩陶长期处于不良保存环境中导致病害。这些病害多为交叉并发。保护修复研究涉及颜料与胶结物的组成与结构、颜料胶料层与陶胎表面的微观状况、盐害与颜料胶料层的作用机理等复杂情况，抢救修复难度很大。以前由于缺乏这方面的可靠性研究成果，使得许多承载有重要文化信息的彩绘永远消失，非常可惜。

近年来，我国文物保护领域在陶质彩绘文物抢救修复研究方向上取得了一批突破性的科研成果。成功抢救了一批珍贵的陶质彩绘文物。陕西师范大学历史文化遗产保护教育部工程研究中心承担的“风化褪色、龟裂起翘、胶体断裂的西汉彩绘兵马俑抢救修复”项目，就是其中的代表。

咸阳博物馆陈列展出的西汉彩绘兵马俑，是20世纪60年代我国首次发现的大型彩陶兵马俑军阵。彩绘出土时鲜艳、完整。步兵俑的服饰艳丽，盔甲鲜明，战马咆哮嘶鸣，形神兼备，是研究西汉军事、经济、民族和服饰、发饰的宝贵资料。这批兵马俑数量很多，出土后置于一般室内环境中，至今已五十余年，具有典型的多种严重病害特征，受到国内外文物保护领域的高度关注。

从2008年开始，我先后对该批兵马俑彩陶的修复保护情况进行过三次考察。项目负责人李玉虎同志向我作过多次汇报。今年4月应邀参加了国家文物局委托陕西省文物局对该项目的验收。我认为该项目取得的保护修复成果突出。它包括对风化褪色的兵马俑彩绘进行显色加固，对龟裂、起翘、脱落的彩绘层进行回贴修复，对酥粉彩绘层进行固化修复，对断裂的陶俑和陶马肢体进行粘接修复四项内容。

此项保护修复研究成果，具有以下三个特点：

一、系统、科学地研究病害成因、机理以及治理对策

治理文物病害，必须首先研究其产生的原因。该项目从文物出土前后文物环境的巨大反差入手，研究了导致其风化褪色、起翘、脱落的成因。以风化褪色为例，课题组研究了风化褪色兵马俑颜料、胶料层的微观状况与光学特性，发现存在一种微米级的“空气、空隙—粒子、间隔”界面，形成对光的散射现象，使其原貌模糊不清。彩陶出土前处于高湿缺氧的稳定环境两千余年，出土后环境温湿度显著变化，在较短时间内胶质发生收缩龟裂，连结相由水与润湿膨胀胶组成的混合体变为空气和游离粉化后的颗粒，破坏了出土前颜料胶料层对可见光的吸收与反射特性，导致其原貌严重褪色，从光学、环境学以及风化等角度诠释了陶质彩绘模糊不清的机理。

课题组为了长效保护与显现陶质彩绘的原貌，在高分子加固材料中加入适量非挥发性液态稳定剂，组成显现加固剂。稳定剂既能促进高分子加固材料的稳定性，长效保护其原貌，又能填充“空气、空隙—粒子、间隔”的界面，消除光散射现象，使用物理方法显现其原貌，具有创新性。

二、分析测试翔实、可信

为了进行加速老化系统的评价，需要制作模拟样品，它必须与兵马俑颜料胶料层的特性接近。但是，这批西汉彩绘兵马俑颜料胶料层中的胶结物历经两千余年已降解殆尽，用红外光谱等有机分析方法已不可能测出。为确定胶结物的种类，课题组以动物胶与植物胶在元素组成上含氮量的显著差异为突破口，用光电子能谱进行了比对测试，基本上确定了这批兵马俑颜料层的胶结物为动物胶。根据对比结果，课题组采用明胶与已检测证实的矿物颜料配制形成了颜料胶结层，进行老化试验。参照行业的标准，进行了柔韧性与附着力测试。通过研究分析，初步建立了对陶质彩绘颜料胶料层的系统评价体系，这同样具有创新性。显现出的色彩是否与陶质彩绘的原貌相近，是项目的关键，课题组联合中国科学院专业光学研究单位，以光谱特性曲线为客观判断标准，进行为期五年的跟踪测试，与原有色彩相比，走势非常接近，说明很有说服力。

三、进行了十五年的跟踪观察，证明自然环境时效考验的可靠性

课题组遵循文物保护修复的原则，经模拟样品试验与加速老化系统评价、保护修

复精细工艺实践等前期研究，在此基础上循序渐进地进行局部小面积修复加固，经过数年自然环境时效考验与跟踪观察证实有效后，才进行整体实施。其中有两例文物自1996年显现加固，一直跟踪观察至今，十五年来未发现变化。项目建立了完善的跟踪观察档案。这十五年的自然环境时效考验说明，是修复材料与文物本体的平衡由短期表观稳定向内在稳定的自然过渡，是与模拟老化试验评价的互相印证。这是对文物很负责任的做法，这种科学认真的精神，值得肯定与推广。

尚需注意的是，这批兵马俑相当一部分彩绘出现的酥粉现象，课题组对其成因研究分析发现是盐害所致，由于盐类的腐蚀作用，不仅彩绘，有些陶胎也明显呈酥粉现象。如何在保持原有历史痕迹不受损伤的情况下，脱去盐分并固化，保持珍贵的文物原貌，难度很大，希望继续攻关研究。

我与玉虎同志相识已有二十余年，为他锲而不舍、勇于实践、开拓创新的精神所感动。尤其在各级领导、同行的大力支持下，至今已经拥有一支多专业、中青年结合的理想团队，多个实用的实验室和试验场，从室内试验向现场试验、成品推广扩展。许多发明、专利的成果不仅应用于档案、文物保护领域，还延伸到影像资料——老化电影胶片的保护修复，并已见成效。尽管已经获得很多的荣誉和嘉奖，但他仍能谦虚、谨慎地听取不同的意见，在创新、探索的同时，不断完善改进现有的成果。祝愿他与其团队，百尺竿头，更进一步。

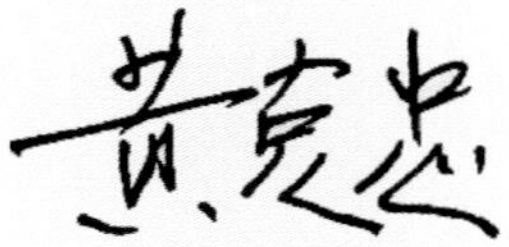

2011年岁末于北京

Foreword

Conservation and restoration of ceramic colored drawing is a hot topic in the field of heritage conservation. The difference in nature between colored drawing layer and silicate ceramics makes the damage of the colored drawing easy. A considerable part of the painted layers borders on self-destruction. There are many diseases occurred to the colored drawing layers such as chapping, warping, shedding, crisp powder, being weathering and fading, and the causes of these diseases were complicated. It is an important factor to cause these diseases that underground colored potteries located in the humid hypoxic environment for thousands of years suddenly expose to air. Some soluble salts existed in painted layer and pottery body repeatedly dissolve and precipitate, which results in powderization of painted layer after the pottery being excavated. There are many colored potteries damaged by storage in poor preservation environment for a long time. Usually, the diseases mentioned above simultaneously happened. Conservation and restoration are complicated due to involving many factors such as composition of the pigments and binder, the micro-structure of painted layer and surface of pottery body, and action mechanism of salts and painted layer, etc. Thus the rescue and restoration of colored pottery is a tough problem. Due to lack of reliable method, much important cultural information on painted layer disappeared forever, it is exceedingly painful.

In recent years, a number of groundbreaking achievements in heritage conservation field for rescue and restoration of colored pottery relics are made in China. The project, "Rescue and Restoration of Weathered, Faded, and Cracking Terra-Cotta Warriors and Horses of the Western Han Dynasty" accomplished by the Engineering Research Center of Cultural Heritage

Conservation of Ministry of Education of Shaanxi Normal University, is a typical example.

The Color-Painted Terra-Cotta Warriors and Horses of the Western Han Dynasty exhibited in Xianyang Museum were the first large-scale pottery military array found in 1960s. At that time, the unearthed colored drawings were bright and complete. The costumes of infantry figurines with distinctive armor were colorful; the Terra-Cotta Horses were vivid. These colored potteries are valuable resource to investigate the military, economy, ethnicity, clothing and hair accessories of the Western Han Dynasty. However, these unearthed terracotta warriors and horses have been displayed in a common indoor environment for more than 50 years, resulting in serious diseases. This issue excited great attention in heritage conservation fields home and abroad.

From 2008, I have inspected the project for three times. Mr. Li Yuhu reported the project to me for many times. This year, I was invited by the State Administration of Cultural Heritage and the Cultural Relics Bureau of Shaanxi Province to evaluate and accept the project. This project included faded painting visualization, reinforcement of weathered potteries, restoration of painting layers with shedding and crack, restoration and reinforcement of the powdered painting layers, and cementation of broken potteries. In my opinion, achievement of this project is outstanding with three features as below.

(1) Systematical and scientific investigations in mechanism on formation of the diseases and coping strategy

To deal with the cultural relic diseases, one must firstly study its causes. From the dramatic difference in environment conditions between before and after unearthing cultural relics, some mechanisms on the disease formation such as shedding, weathering and fading were revealed. Taking weathered and faded relics as an example, the research group studied the relation between the surface microstructure of faded potteries and optical properties, and proposed that there are lots of micron sized interfaces composed of air, gap, particle and interval in the surface of faded potteries, and micron sized interfaces cause light scattering to result in original color blurring.

Unearthed colored potteries located in higher humid and hypoxia environment for more than two thousand years. After being excavated, the potteries are exposed to lower humid environment, and thus they experienced a dramatic change in temperature and humidity. As a result, glue in painting layer has to shrink in a short time, and then cracks, and water in painting layer is replaced by air. Finally, optical characteristics of visible light absorption and reflection changes obviously to result in serious fading. The mechanism in terms of optics, environmentology and weathering is satisfactorily revealed the faded cause.

In order to enhance durability of the restored faded potteries, the research group added appropriate amount of non-volatile liquid stabilizer to the polymer reinforcement materials, which not only promote the stability of the polymer reinforcement materials but also eliminate the scattering interfaces. It is innovative to develop blurred color potteries by physical method.

(2) Accuracy and creditableness in analysis

To ensure creditableness of aging test, the proximity in components of painting layer between simulated sample and restored sample should be considered. However, the painting layer on the potteries made in the Western Han Dynasty have been degraded and exhausted after two thousand years, thus identification of glue used in the potteries is difficult. Based on the main component in animal glue being protein but that in vegetable glue being carbohydrate, the research group easily identified the glue used in the potteries by determining nitrogen element using XPS. Employing this method, the binder used in the terra-cotta warriors and horses is animal glue. According to this result, the simulated samples were prepared, and aging test of the corresponding samples was carried out. Additionally, the tests of flexibility and adhesive force were conducted in the light of the industrial standard, and the basic evaluation system of painting layer on potteries was established. This investigated protocol also contains innovativeness. In this project, it is a key problem whether the color developed by the proposed method is similar to the original painted pottery. Spectroscopy determinations by Xi'an Institute of Optics and Precision Mechanics of CAS indicated that the spectral characteristics of the restored potteries are not only stable in five years but also similar to that of original potteries. The method used in this project contains innovativeness

(3) The reliability supported on the following observation in natural environment for 15 years

In light of the principles of conservation and restoration of cultural relics, and based on the simulated and accelerated aging test, as well as following observation to the preliminary local experiment for several years, the overall proposal was proposed, and the project was carried out. Two cases about the restoration and reinforcement of faded painted potteries made in 1996 have been observed for 15 years, indicating that the restored potteries unchanged. The excellent results were mutually corroborated by the aging test in the extreme conditions and the performance in natural environment. The methodology and attitude in this project, being responsible for cultural heritage, is worthy to be praised.

It is worthy of note that tackling serious powdering disease of painted potteries is a challenge subject. The research group found that the salt corrosion is the key factor in formation of the powdering disease due to the salt corrosion occurred both in painting layer and pottery body. It is difficult to remove salts and reinforce without obvious damage to the original potteries in tackling serious powdering disease. It is still needed to pay attention to this issue.

I have got acquainted with Mr. Li Yuhu for more than 20 years. I am touched by his perseverance, pioneering and innovative spirits. Under his guidance and supports by administrative departments, the professional and vigorous team has been found, and the professional laboratories, instruments and test fields have been constructed. The investigation fields have been expanded from the archives protection to the conservation of cultural heritage relics, as well as photographic film. Although he has received many honors and awards, he is still modest, and can listen to different views so that he improves and perfects his results. I wish him and his team every success in the future.

Huang Kezhong

December, 2011

绪言

1965年8月，咸阳杨家湾发现一批阵容庞大的西汉彩绘兵马俑，这是我国首次发现的大型汉代彩绘兵马俑集群。经抢救性发掘后清理出步兵俑1965件、骑马俑583件、盾牌1170件，共计“三千人马”有余，在当时的学术界引起了很大的轰动，成为我国20世纪60年代考古界的重大发现。

该批兵马俑采用模塑窑烧的方法制作而成，本身造型生动、内涵丰富，加以彩绘后其艺术特征更加突出。时光流转荏苒千年，出土时兵俑衣饰鲜艳、图形分明：兵俑衣饰多为内衣、襦衣，白色居多，也有少数为大红、黄色等；部分外衣上披甲，甲衣分长、短两类，其上多用红色或白色细笔勾勒出鱼鳞形、方形、长方形甲片；长甲有披膊，前蔽裆胯后掩臀部，短甲无披膊，以带背挂两肩，内外层次分明。战马有大小之分，或咆哮嘶鸣、或昂首挺立，皆色彩明丽、形神兼备：大骑马俑毛色有黑、红、紫三种，骑士及马俑体格壮硕。马身彩绘络头、胸带、腿带、马镳、马鞯、辔头、节约和杏叶等，骑俑着红、白、绿、紫等服饰，有的还披黑色铠甲；小骑马俑毛色有黑、红、紫、白四种，骑士及马俑体格轻巧。此外出土的还有多种陶盾牌，按底色分为白、红、黑三种类型，盾牌脊部凸起外折，左右两面有的素面，有的彩绘有三角形、横向菱形图案，使这些模拟防御类兵器的盾牌凸显了几分威严与厚重。该批兵马俑整体来看井然有序、气势威武，细赏之下形态各异、特征分明，极富感染力。由此可见，杨家湾西汉彩绘兵马俑不但完整保存了前人的陶烧艺术精华，更是给后人呈现了一场辉煌的艺术盛宴，而彩绘赋予该批兵马俑的独特风貌与文物价值，更是其他同时代出土文物所不具备的。

值得注意的是，该批兵马俑将步兵俑与骑马俑分别编列、独自成阵，合起来又浑然一体，成为有机配合的军制体系，观之令人震撼。除此之外还有其他形态特殊的兵俑，或指挥、或立射、或仪仗、或簿书，象征着仪仗、书记、指挥等不同的职能。这种编排形式是汉代军队的缩影，透过这些兵马俑可以基本了解汉代军队的编制、队形的编列，它是研究西汉军事制度、服饰制度、雕塑艺术的珍贵资料。近年来杨家湾西汉彩绘兵马俑已然蜚声海内外，享有“中国古代雕塑艺术杰作”的美誉。

自出土后半个世纪，杨家湾西汉彩绘兵马俑便置于一般室内环境中，与出土前的环境形成巨大差别，在本身病害不断加重之外还逐渐滋生了其他多种病害，受到国内外文物保护学界的高度关注。“风化褪色、肢体断裂的西汉彩绘兵马俑的抢救修复”是国家文物局批准实施的全国重点文物抢救修复项目，从立项至今已历时十七年。1995年，项目组首先在模拟样品上进行加速老化系统评价。1996年分别在一例消失殆尽的盾牌和一例步兵俑发髻上进行显现加固，清晰显现出了出土时的原貌。遵循文物不可再生的特点，对显现加固的原貌跟踪观察至今，十六年未发生变化。2000年，项目组在对风化褪色和肢体断裂两种病害成因与机理进行诊断分析与研究的基础上，设计了“风化褪色、肢体断裂的西汉彩绘兵马俑抢救修复”方案。2003年，咸阳博物馆、咸阳市文物局、陕西省文物局依照国家文物局对“风化褪色的古代壁画、文物彩绘、建筑彩画的显现加固”项目的鉴定结论，并根据1996年显现加固的两例彩绘文物七年稳定保持的跟踪观察情况，将方案上报国家文物局。2004年获国家文物局批准，遵照国家文物局批复意见精神，对严重风化褪色的彩绘陶俑、陶马进行了显现加固。对肢体断裂、残破的陶俑、陶马进行了粘接修复。跟踪观察至今，保持稳定。

在对该批彩绘兵马俑的病害进行全面详细调研后发现，除风化褪色、肢体断裂和残破之外，相当部分彩绘层发生了起翘、脱落、龟裂和盐害酥粉两种病害，随着时间的推移，日趋严重，相当部分已完全自毁，使珍贵的原始信息永远消失。2005年起进行了“龟裂、起翘、脱落的陶质彩绘层的回位修复”、“酥粉彩绘层的固化修复”两项课题的研究。研究分析了龟裂、起翘、脱落和酥粉的成因，研制了龟裂、起翘、脱落彩绘层回位修复剂。研究实践了回位修复工艺；研制了酥粉彩绘层固化修复剂，研究实践了固化修复工艺。2005年，在进行模拟样品加速老化系统评价的基础上，对部分严重龟裂、起翘、脱落和酥粉彩绘层进行了回位和固化修复，跟踪观察至今，保持稳定。

《西汉彩绘兵马俑修复与保护》是在对上述抢救修复进展、科学研究、自然环境时效考验跟踪观察结果等方面进行总结的基础上整理而得的。按照科学研究与工程应用分类，则分为七个方面。第一，病害成因与机理研究。如在研究彩绘风化褪色的成因时发现，由于出土前后环境的巨大反差，使彩绘层联结相由水与润湿膨胀胶组成的混合体变为游离粉化后的颜料颗粒与空气组成的“空气、空隙—粒子、间隔”界面，对光产生散射现象，使其原貌模糊不清。第二，病害治理机理分析。如以非挥发性液态稳定剂结合，构建对风化褪色的彩绘同步进行稳定材料加固与物理显现的机制。第三，修复材料筛选与性能表征。如回位修复剂筛选时，附着力、柔韧性的测试。第四，加速老化系统评价，如高温高湿与低温冷冻交替、盐雾、氧化、光老化等。第五，修复工艺实践研究。如对龟裂、起翘、脱落、酥粉彩绘层的回位修复等。第六，治理效果对比，对修复前后的详细记录摄影。第七，跟踪观察档案记录。项目从模拟样品、文物本体小面积局部修复、整体实施的效果进行了历时十七年的全程跟踪、观察。

陕西省文物局对本项目给予了高度重视与支持。陕西省文物局鼓励、支持社会科研力量参与文物保护科学研究。2004年，陕西省文物局、陕西省档案馆、陕西师范大学联合共建了“陕西历史文化遗产保护科学研究中心”，吸引了相关教授与研究人员加盟，搭建了充满生机的历史文化遗产保护科研平台。2006年，获准建设“历史文化遗产保护教育部工程研究中心”。该项目的申请、立项、评审验收均由陕西省文物局引导。陕西省文物局局长赵荣多次赴工程现场检查并与项目负责人进行深入探讨，邀请项目负责人为全局职工做项目汇报。本书由陕西省文物局安排修复保护经费支持出版。

十七年来，《西汉彩绘兵马俑修复与保护》得到国家文物局科技专家组组长、中国文化遗产研究院院长王丹华先生，中国文化遗产研究院研究员黄克忠先生，南京博物院研究员奚三彩先生的悉心指导，他们为本书和项目付出了心血，在此敬谢！

课题组的全体人员都为本书的著者。胡道道教授主要负责显现加固机理与科学内涵的研究；邢惠萍、汪娟丽、曹明博士参与显现加固、回位修复材料研究与表征测试；王晓谋馆长负责修复效果跟踪观察与修复管理；单晓娟副研究馆员主持修复工程；陕西师范大学历史文化遗产保护教育部工程研究中心助理研究员李丽进行了照片处理与图文设计等工作；李玉虎负责项目总体设计、病害成因与机理、显现加固材料研究等。

目 录

咸阳博物馆馆藏西汉彩绘兵马俑军阵图

杨家湾区位图

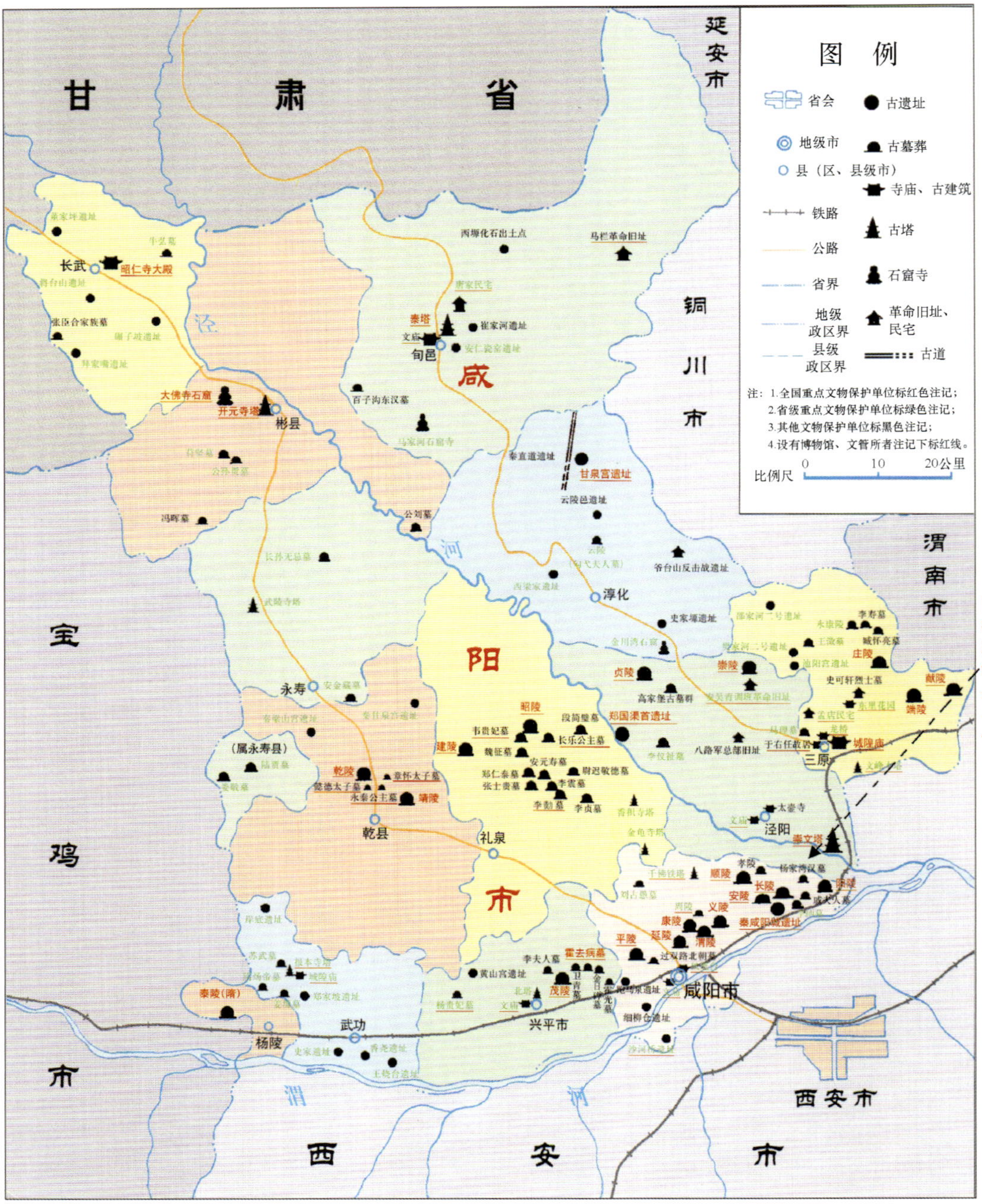

西汉彩绘兵马俑

第一章　西汉彩绘兵马俑病害调研与分类

该批兵马俑出土后，曾置于室外经受日晒、雨淋、风吹数年时间，特别是由于出土前后环境的巨大反差，使兵马俑的彩绘出现了三种严重病害：

一是普遍严重的风化褪色，使出土时的完整彩绘消失殆尽。步兵俑、骑兵俑的服饰、种族、发饰、表情、盔甲，战马的毛色、辔头和其咆哮激昂的神态均无法辨认。风化褪色使该批兵马俑出土时的艺术魅力丧失殆尽。

二是龟裂起甲、脱落。部分步兵俑、骑马俑、战马彩绘层龟裂、起甲、脱落，近年来日趋严重。

三是酥粉。部分步兵俑、战马的腿部彩绘层发生严重酥粉，靠近人员呼吸空气即可使其永远消失。

另外，人为保护措施不当也给该批兵马俑带来了损害。出土后不久，部分彩绘兵马俑被人用刷子直接沾水刷洗，使其上的彩绘冲刷殆尽。20 世纪 70 年代初，有关人员曾对出土时肢体断裂的兵马俑进行了修复，由于使用胶料老化失效、工艺粗糙、现绝大多数已经断裂、支离破碎，工作人员无奈采用铁架支撑。20 世纪 70 年代中期，部分兵马俑被有关工作人员涂上了未经基础试验、模拟、加速老化和自然环境时效考验的材料，产生了强烈的光泽，2～3 年后严重起甲脱落。

上述病害使该批兵马俑的独特彩绘的存在受到了严重威胁，相当部分濒临自毁，永远消失。

第一节　彩绘层风化褪色

该批兵马俑出土时色彩鲜艳，图形完整。由于出土后的一般室内环境与出土前的高湿缺氧埋藏环境形成巨大的反差，出土后数年之间便出现了严重的风化褪色，并且使得该批兵马俑出土时的原始信息消失殆尽，如图 1-1 所示。

1. 步兵俑风化褪色原状　　2. 战马风化褪色原状

图 1-1　兵马俑风化褪色原状

第二节　彩绘层龟裂、起翘、脱落

相当部分步兵俑、骑马俑、战马陶体上的彩绘层龟裂、起翘、脱落，使其原貌永远消失。经课题组近二十年的跟踪观察，近年来龟裂、起翘、脱落逐渐严重。

按照严重程度，龟裂、起翘、脱落的状况可分为三种。

第一种，彩绘层主体已脱落，陶体彩绘永远消失，如图 1-2 及图 1-3 所示。

第二种，彩绘层起翘，即将脱落，如图 1-4 所示。

第三种，彩绘层空鼓，如图 1-5 所示。

图 1-2　步兵俑彩绘层头部、胸部等部分脱落

图 1-3 战马胸部、步兵俑腿部及裙部彩绘层脱落

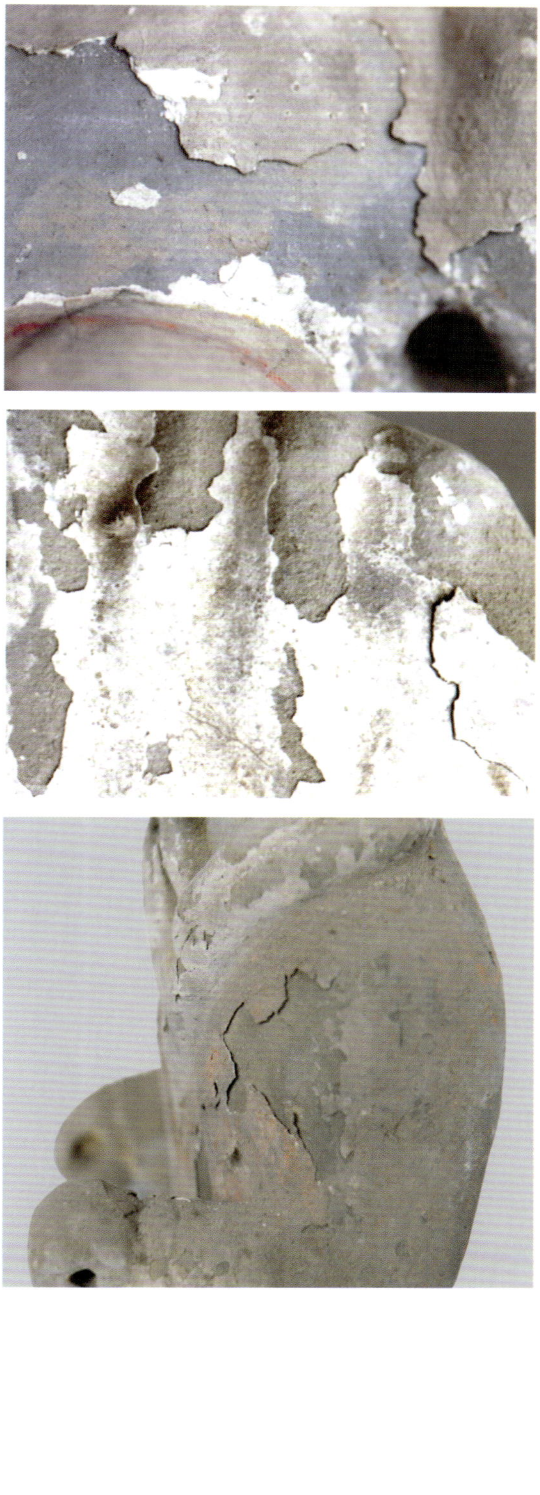

图 1-4 陶俑腿部、肩部及胸部彩绘层起翘

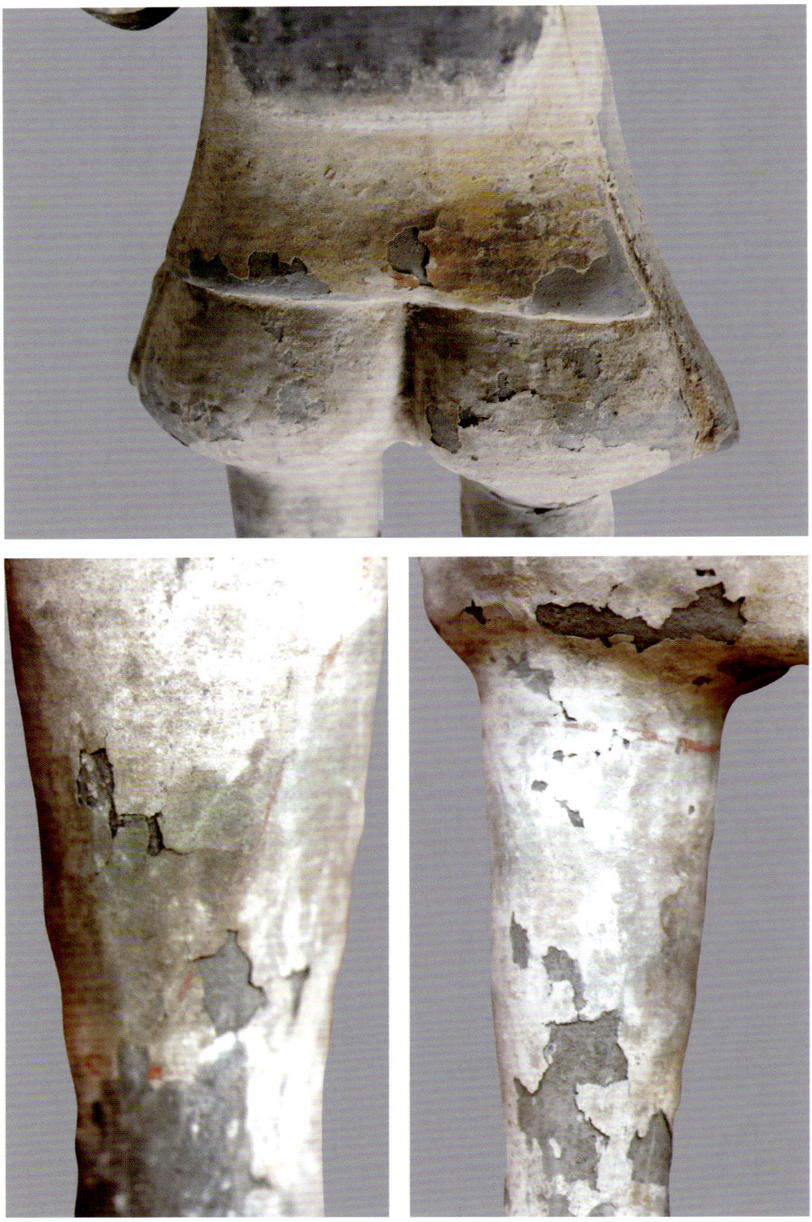

图 1-5　步兵俑裙部、腿部及战马俑腿部彩绘层空鼓

第三节　彩绘层酥粉

彩绘层酥粉是近十几年来出现的一种自然性病害，较之于龟裂、起翘，脱落危害更大，使得珍贵的彩绘陶俑更趋濒危边缘，如图 1-6～图 1-8 所示。

图 1-6 战马彩绘层酥粉

图 1-7 战马腿部彩绘层酥粉近照

图 1-8　战马臀部彩绘层酥粉近照

第四节　肢体断裂与破碎

20 世纪 70 年代，修复人员曾对出土时已断裂的兵马俑进行修复，四十余年来，大部分陶俑、陶马肢体断裂，未断裂部分也岌岌可危，工作人员无奈只能使用铁架对其支撑，陈列展出（图 1-9 ～图 1-12）。

图 1-9　陶马 1 肢体断裂与破碎状况

图 1-10　陶马 2 肢体断裂与破碎状况

图 1-11　陶马 3 肢体断裂与破碎状况

图 1-12　步兵俑肢体断裂与破碎状况

第二章　风化褪色病害治理科学研究与工程应用

第一节　风化褪色病害成因研究分析

该批彩绘兵马俑在地下高湿缺氧的环境中平衡近两千年，出土后存放于一般室内外环境中，形成了巨大的环境差异。本项目以此为要素，研究了产生该界面的三个主要成因。

第一种：彩绘颜料、胶料层中的胶料在地下两千多年高湿缺氧的环境中，吸水膨胀。出土后置于一般室内环境，湿度比地下显著降低，膨胀的胶料因失水收缩形成微米级裂隙。

第二种：部分无机颜料在地下高湿环境中形成结晶水合物，出土后，失水风化，游离粉化，形成密布的失色粉状物。

第三种：污染的细土粒黏附于颜料、胶料层的表面或嵌入胶料微孔之中。

文物彩绘出土前长期处于高湿绝氧的环境之中，其颜料颗粒间的连接相为富含水分的膨胀胶，出土后因环境湿度显著降低，在较短时间内发生收缩龟裂，因裂隙形成“空气、空隙—粒子、间隔”界面，联结相由水与润湿膨胀胶组成的混合体变为空气和游离粉化后的颗粒，破坏了出土前颜料胶料层对可见光的吸收与反射的原有特性。由于颜料粒子与连续相间的折光率差距变大，从而增大了对光的散射，使其原貌模糊不清[1]。

1.1　空气、空隙—粒子、间隔界面的发现

该批兵马俑彩绘出土时色彩鲜艳，出土后数年内风化褪色、消失殆尽。

本项目观察了该批兵马俑的颜料、胶料层风化褪色后的微观状况，发现其表面存在着一种“空气、空隙—粒子、间隔”界面。

将严重褪色的彩绘残片用酒精将表面尘土完全除去，直观平整，置于扫描电镜下放大 2000 倍，观察到密布 0.1 ～5μm 不等的微孔与颗粒，这就是“空气、空隙—粒子、间隔”界面，见图 2-1。

图 2-1　风化褪色西汉彩绘兵马俑残片上颜料表面放大 2000 倍照片

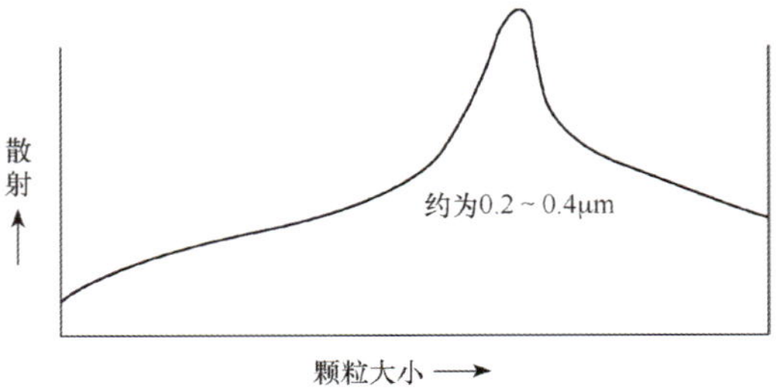

图 2-2　颗粒尺寸与散射关系图

1.2　“空气、空隙—粒子、间隔”界面导致褪色的光学效应

Nassau 曾在《颜色的物理与化学》一书中“光与大块物质的相互作用”一章中描述了一种效应：具有细粉末的粗糙的有色表面因形成空气粒子界面而产生对光的散射现象，不能使入射光稍稍深入表面以下导致有颜色的物质表面失色[2]。此现象与本项目所发现的“空气、空隙—粒子、间隔”界面具有相似之处。

颜料颗粒大小与光的散射程度之间的关系如图 2-2 以及图 2-3[3] 所示。散射强度与以下因素有关[4]：

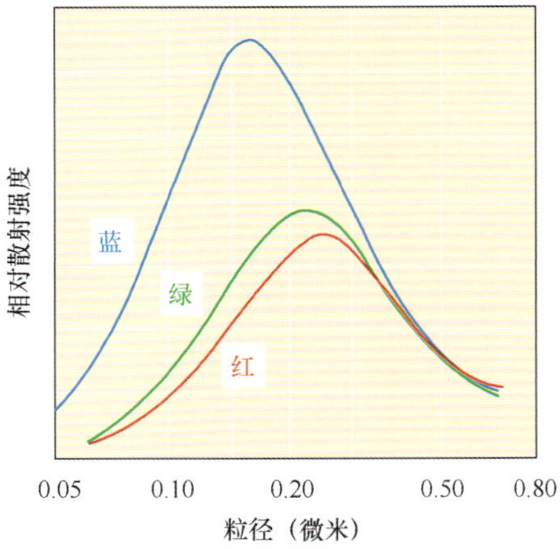

图 2-3　不同颜料粒径与散射强度之间关系图

1.2.1 颜料粒子与基质折光率差值

根据弗莱斯（Fresnel）公式：$R=[(n_2-n_1)/(n_2+n_1)]^2$，折射率之差越大，散射越强。

1.2.2 颜料粒径及光波长之间的关系：$D=2\lambda[\pi(n_l-n_2)]$

在可见区散射最大时的颜料粒径在 0.2μm 左右。

上述两种函数关系反映出：当颜料层表面的颗粒尺寸为可见光波长的一半时，即为 0.2～0.4μm 时，光散射最为有效[5]。西汉彩绘兵马俑残片及其他风化褪色的文物彩绘层富含上述尺寸的颗粒与微孔，发生强散射效应，使其表面图案模糊不清。有色固体表面颜色与散射强度有关，波长越短，散射能力越强，颜色饱和度降低、颜色模糊。

第二节 风化褪色彩绘层显现加固关键技术研究

2.1 液态非挥发性稳定剂的独特功效

针对本项目所涉及的彩绘图案模糊不清的成因，提出了高分子成膜材料填充裂隙，并在其中加入适当的非挥发性防高分子降解的液态稳定剂，具有以下三种功效。

第一，液态非挥发性稳定剂能渗透“空气、空隙—粒子、间隔”界面，消除或减小粒子间间隙，从而消除光散射现象[6]，显现古朴原貌。

第二，液态稳定剂能提高高分子加固材料的耐久性，使材料保持持久的稳定性。

第三，颜料胶料层中的动植物胶亦属高分子材料，稳定剂亦有可能提高其耐久性，特别是增强其韧性，防止起甲、脱落这一致命病害。

需要说明的是：一般单一高分子材料在不添加稳定剂的情况下，在加固文物彩绘后，可能会出现自动氧化反应后而降解，导致其老化、脆化。在以前的文物保护实践中，使用单一的高分子材料加固，曾出现过经受自然环境时效考验不长，因加固材料降解老化，造成彩绘层泛黄、龟裂、起翘等现象。在塑料工业中，提高高分子材料耐久性的常用方法是在其中添加能有效阻止其降解老化的稳定剂。经长期工业化实践，添加后制品耐久性、稳定性显著提高，在一般环境中，大大延缓了降解老化速度。有关资料介绍，埋入地下的塑料一百多年也不会降解，形成所谓的“白色污染”，说明这种材料有很高的稳定性。

2.2 显现加固剂的材料组成与协同功能

2.2.1 显现加固剂的材料组成

显现加固剂由两种非挥发性液态耐候稳定剂和两种高分子材料组成。

两种非挥发性液态稳定剂分别为：

第一种是受阻胺类稳定剂：癸二酸二（1,2,2,6,6- 五甲基 -4- 哌啶基）酯[7,8]

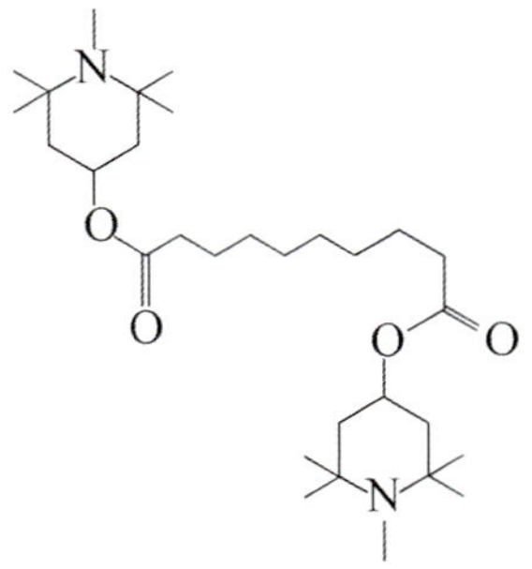

第二种是亚磷酸酯类稳定剂：亚磷酸苯二异辛酯[9-11]

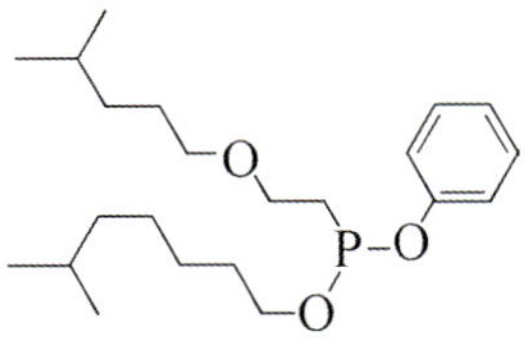

两种高分子材料分别为：

第一种是有机氟材料：三氟氯乙烯与偏二氟乙烯的共聚物

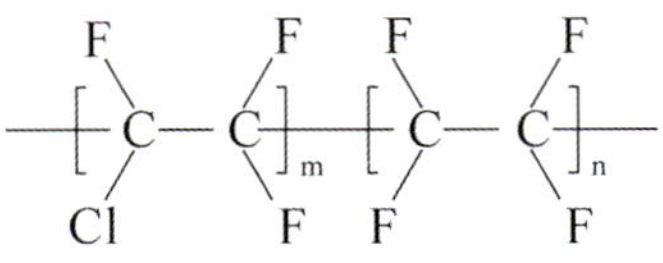

第二种是聚甲基丙烯酸甲酯类：甲基丙烯酸甲酯与苯乙烯共聚物

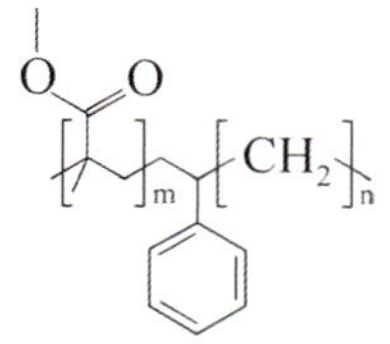

上述材料混合配制成 1.0% ～2.8% 的系列丙酮溶液，称为 RFC 显现加固剂。

2.2.2 性能与协同功能

癸二酸二（1,2,2,6,6- 五甲基 -4- 哌啶基）酯具有以下四种功能：

（1）该稳定剂能反应消除激发态单线氧和原子氧，可降低颜料、胶料层中的动物胶或植物胶等被氧化的概率[12]。

（2）该稳定剂能钝化金属离子，可有效保护颜料、胶料层中矿物颜料的金属离子，防止其价态发生改变而导致褪色或变色。

（3）该稳定剂具有良好的塑性，渗入颜料、胶料层中之后，可提高其塑性，防止干裂、脱落。

（4）该稳定剂具有两类抗氧剂的自动协同功能，能与显现加固剂中的亚磷酸苯二异辛酯自动协同，防止聚甲基丙烯酸甲酯降解。

亚磷酸苯二异辛酯：为辅助抗氧稳定剂，能阻止氧化反应，使高分子材料不易老化降解。在显现加固剂中的作用为：作为辅助稳定剂，与癸二酸二（1,2,2,6,6- 五甲基 -4- 哌啶基）酯协同，填充、消除“空气、空隙—粒子、间隔”界面，显现风化褪色文物彩绘的原貌。

三氟氯乙烯与偏二氟乙烯的共聚物具有良好的耐老化、抗腐蚀和韧性，是 RFC 显现加固剂中的主要抗腐蚀保护材料，在丙酮溶液中呈分散、微粒状，使 RFC 显现加固剂渗入颜料、胶料层中后形成的固体具有透气性。

甲基丙烯酸甲酯与苯乙烯共聚物为助溶黏合剂，具有良好的韧性与耐久性，使氟材料与抗氧、抗风化稳定材料分散溶解于其中，增加显现加固材料的附着力（见图 2-4）。

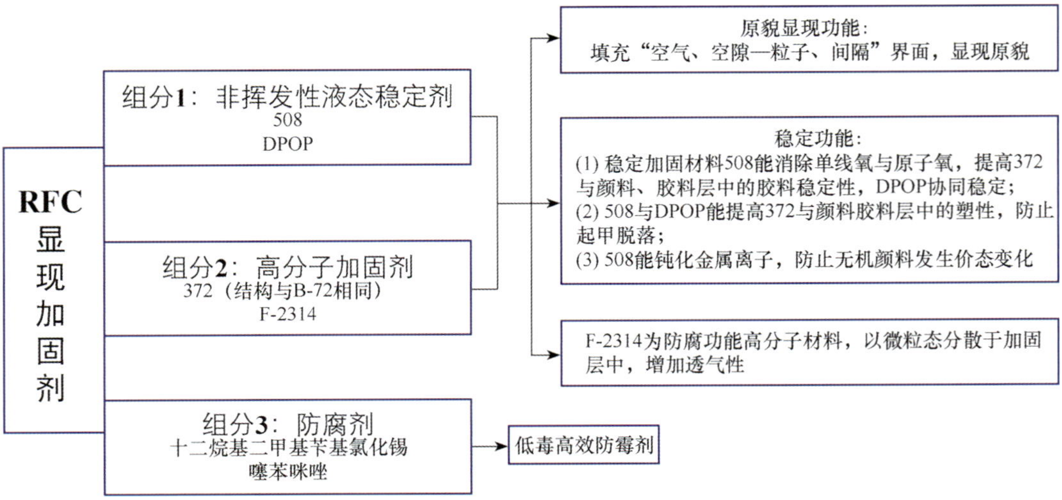

图 2-4　RFC 显现加固剂

第三节　显现加固剂加速老化系统评价与自然环境时效考验

显现加固技术应用评价，应用模拟样品加速老化系统评价与自然环境时效考验跟踪观察来实现。

3.1　显现加固色差跟踪测试

模拟样品制作：1996 年，用西汉彩绘兵马俑彩绘层中常见的朱砂、石青、石绿、铁红等九种颜料与动物胶混合制成模拟样品涂刷于打磨而成的陶器平板上，制成模拟样品。用紫外光加速氧化、粉化，使其褪色。用 RFC 显现加固剂显现加固，用德产 1200CPS 全天候老化仪在温度为 40℃，相对湿度为 75% 模拟太阳氙光源环境中转动老化 72h，使其稳定。对其进行了为期十年的时效考验与跟踪测试，结果见表 2-1。

表 2-1　色差测试数据

测试时间 \ 颜色	墨色	群青	朱膘	藤黄	大红	赭石	石绿	石青	朱砂
1996 年 6 月	6.45	12.97	17.20	19.89	15.45	9.97	12.94	9.01	21.03
1998 年 6 月	6.33	12.71	16.23	19.67	15.31	9.73	12.35	8.97	20.60

续表

颜色 / 测试时间	墨色	群青	朱膘	藤黄	大红	赭石	石绿	石青	朱砂
2000 年 6 月	6.31	12.69	15.97	19.59	15.21	9.65	12.30	8.89	20.50
2002 年 6 月	6.29	12.60	16.09	19.57	15.23	9.60	12.25	8.96	20.56
2006 年 6 月	630	1268	1601	1956	1519	963	1227	884	20.54

表 2-1 显示色差从 1996～2006 年变化很小，说明显现加固的色彩保持稳定。

3.2 附着力测试

测试方法：按照化学工业标准中色漆涂层粉化程度测定方法及评定（GB/T14826-93），用退浆、精漂平纹细布作为拭布包住食指。白色与浅色漆涂层用黑色拭布，其余各色用白色拭布。然后按测试要求用力将拭布压在涂膜上转动 180°，包住食指的拭布也随之一起转动。取下拭布，按拭布上黏附颜料粒子的程度与标准照片对照，评定等级，如表 2-2 及表 2-3 所示。

表 2-2 涂层的粉化程度分为六个等级

等级		粉化状态
0	无粉化	
1	很轻微	仪器加压重块或手指用力擦拭样板，拭布或手指粘上刚可见到的微量颜料粒子
2	轻微	仪器加压重块或手指用力擦拭样板，拭布或手指粘有少量颜料粒子
3	中等	仪器加压重块或手指用力擦拭样板，拭布或手指粘有较多颜料粒子
4	较重	仪器加压重块或手指用力较轻擦拭样板，拭布或手指粘有很多颜料粒子
5	严重	仪器不加压重块或手指用力较轻擦拭样板，拭布或手指粘满大量颜料粒子或试板出现露底

样品：1996 年显现加固后保持 10 年的模拟样品。

表 2-3 粉化程度测试数据

颜色 / 样品	墨色	藤黄	石绿	石青	朱膘	牡丹红	赭石	胭脂	花青	朱砂	大红
显现加固部分	0	0	0	0	0	0	0	0	0	0	0
未处理部分	1	1	2	3	3	3	3	3	3	3	4

由表 2-3 可以看出未显现加固部位颜料粉化严重，而显现加固部位粉化程度较小。

第四节　局部显现加固跟踪观察

文物不可再生，西汉彩绘兵马俑上保留至今的彩绘，在出土大量的汉代陶器中属凤毛麟角，弥足珍贵。本项目在对模拟样品进行加速老化和自然环境时效考验跟踪测试观察的基础上，对该批彩绘文物进行了非常慎重的显现加固处理。

1996 年，先期对一例严重风化褪色、无法辨认的盾牌和步兵俑进行了显现加固，完整再现了出土时的原貌，跟踪观察至今未发生变化。显现加固与跟踪观察效果，如图 2-5、图 2-6 所示。

未显现加固　　已显现加固（1996 年 9 月显现加固，1998 年 9 月拍摄）

图 2-5　盾牌显现加固与跟踪观察效果

1．未显现加固

2．1996 年 9 月显现加固，1998 年 9 月拍摄

3．2010 年 9 月跟踪观察时拍摄

图 2-6　兵俑小面积显现加固与跟踪观察效果

第五节　显现加固机理微观诠释

本项目对西汉彩绘兵马俑彩绘残片显现加固前后的微观状况进行了扫描电镜观察，放大2000倍后，观察到其表面密布着0.1～5μm不等的微孔与粒子大部分被填充消除，由于选择了合适的显现加固浓度，使显现加固后的彩绘层中仍保留着微孔与颗粒，在清晰显现原有色彩图形的同时，保持了文物的古朴原貌。如果浓度超过一定界限，完全消除了该界面[13]，则会出现光泽，使它们失去古朴原貌（图2-7）。西汉彩绘兵马俑彩绘残片显现加固与未显现加固部位微观扫描电镜照片如图2-8所示。

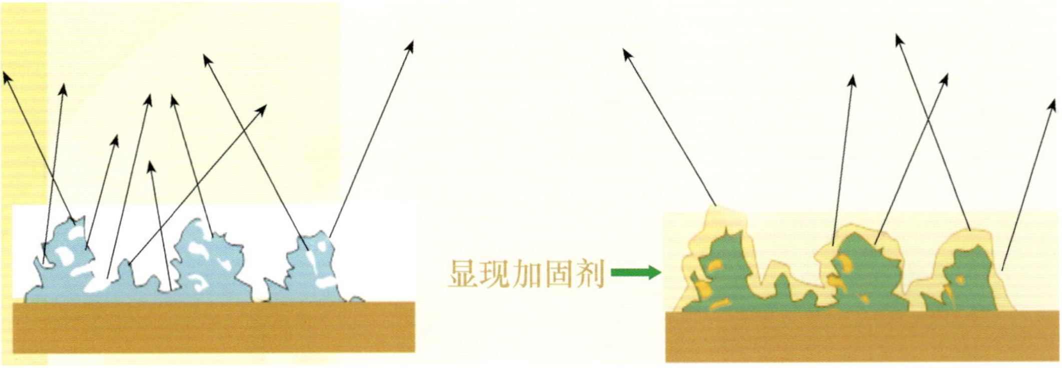

1．颜料层间隙丰富　　　　2．颜料层间隙填充

图2-7　显现加固机理

1．未显现加固　　　　2．已显现加固

图2-8　扫描电镜对比

第六节　文物保护系列原则测试与表征

6.1　文物原貌显现加固表征：未改变古颜料光谱特征

风化褪色文物的显现加固，其本质为稳定材料加固，协同效应为物理显现，显现出的颜色未改变古颜料的光谱特性。中国科学院西安光学精密机械研究所光谱成像研究室分别于 2003 年、2006 年对 1996 年显现加固的两件东汉彩绘（图 2-9、图 2-10）测试了 7 组数据，结果表明显现加固部位与同一检测附近未处理部分光谱特性一致（图 2-11 ～图 2-24）。

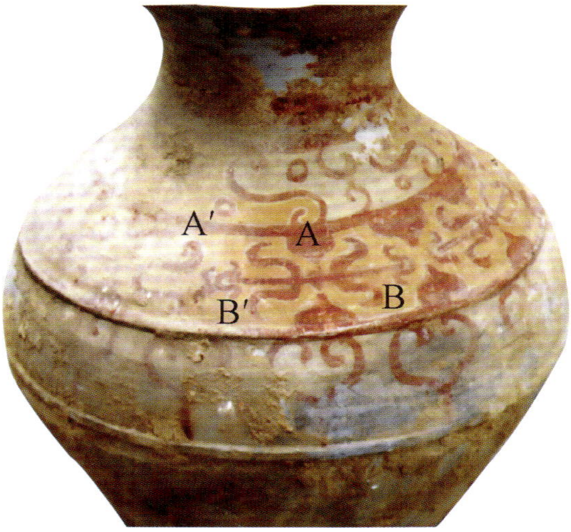

图 2-9　样品 1：完整彩绘陶器（A 深红色部分，以红为主，红黄相间；B 深黄色部分，以黄为主、黄红相间）

图 2-10　样品 2：残缺彩绘陶器（C 深红色部分，以红为主，红黄相间；D 深黄色部分，以黄为主，黄红相间）

2003年反射光源钨灯测试结果

1996年显现加固的彩绘陶器

样品1：完整彩绘陶器

部位A：深红色

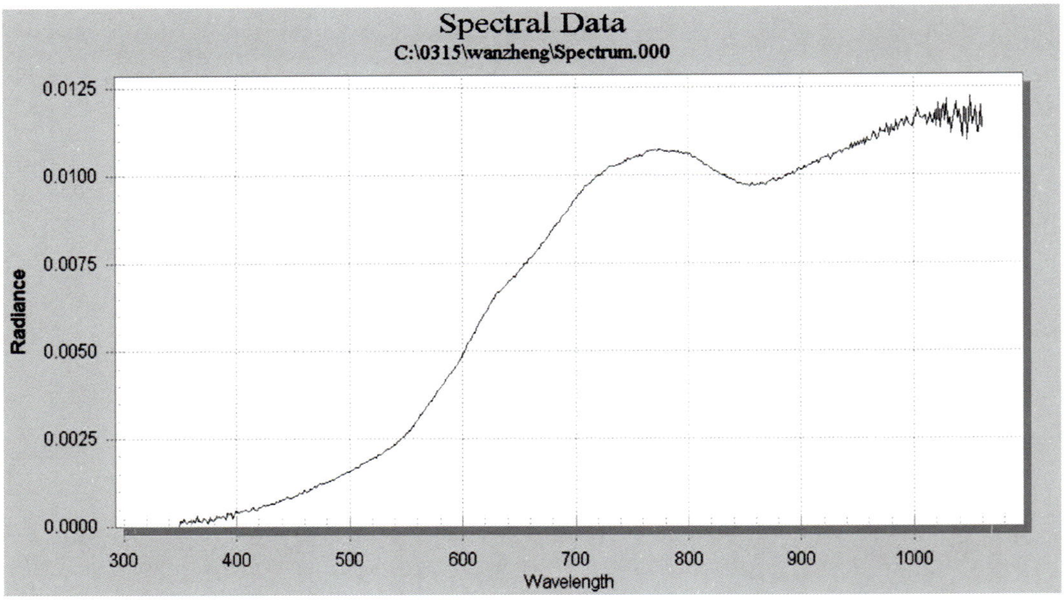

图 2-11　已显现加固部位 A

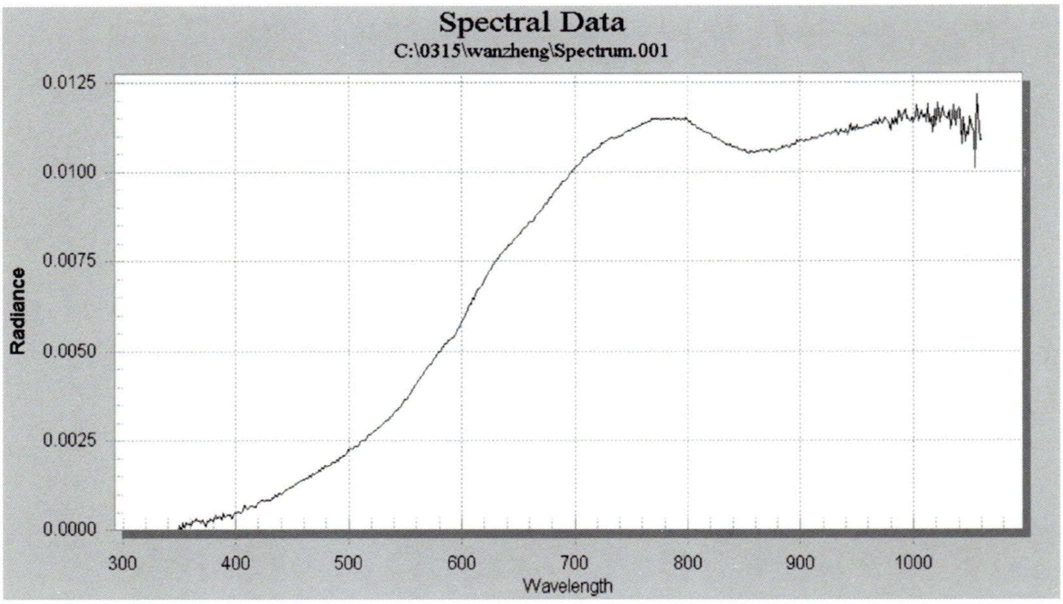

图 2-12　未处理对照部位 A'（同种颜色同一笔画附近）

2003 年反射光源钨灯测试结果

1996 年显现加固的彩绘陶器

样品 1：完整彩绘陶器

部位 B：深黄色

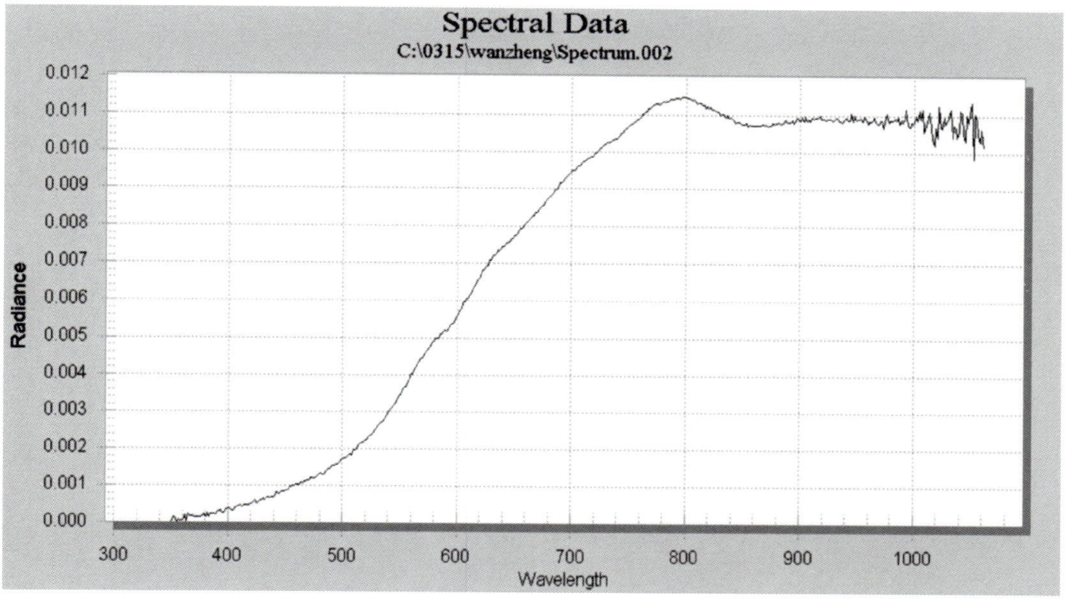

图 2-13　已显现加固部位 B

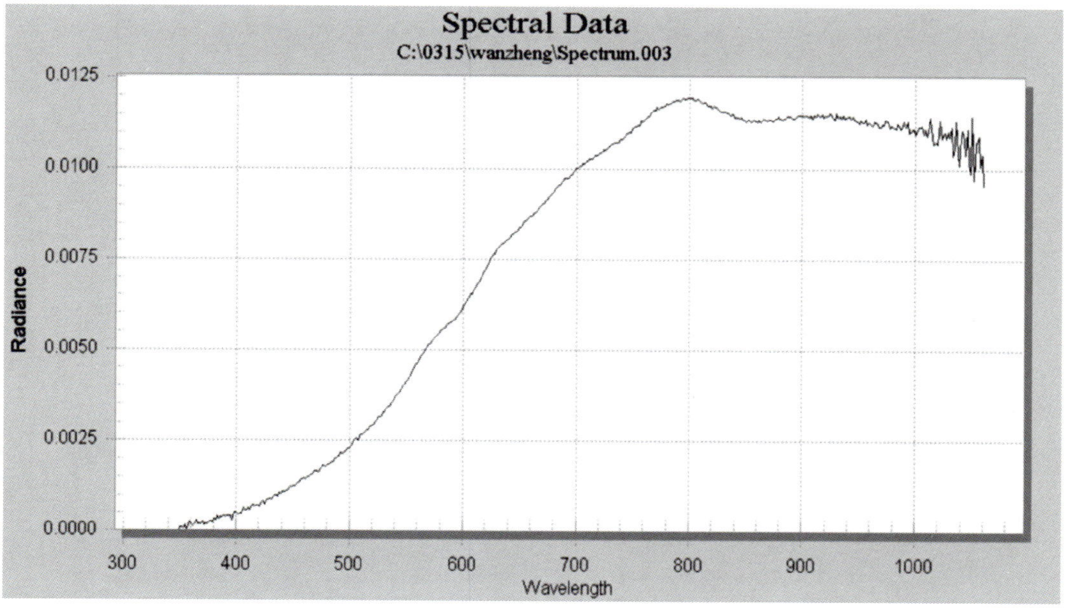

图 2-14　未处理对照部位 B’（同种颜色同一笔画附近）

2003 年反射光源钨灯测试结果

1996 年显现加固的彩绘陶器

样品 2：残缺彩绘陶器

部位 C：深红色

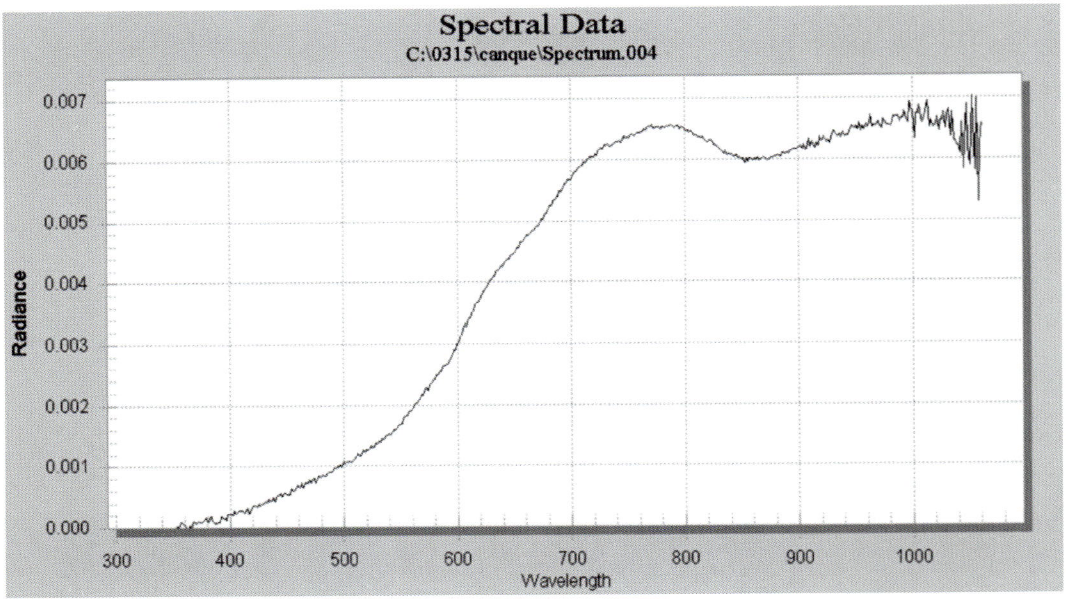

图 2-15　已显现加固部位 C

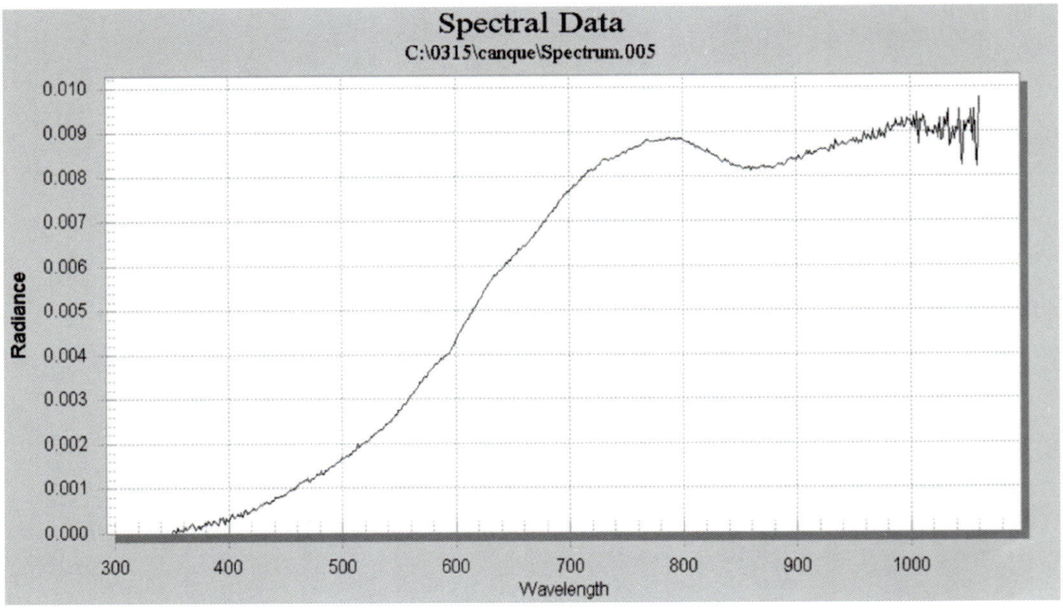

图 2-16　未处理对照部位 C’（同种颜色同一笔画附近）

2003 年反射光源钨灯测试结果

1996 年显现加固的彩绘陶器

样品 2：残缺彩绘陶器

部位 D：深黄色

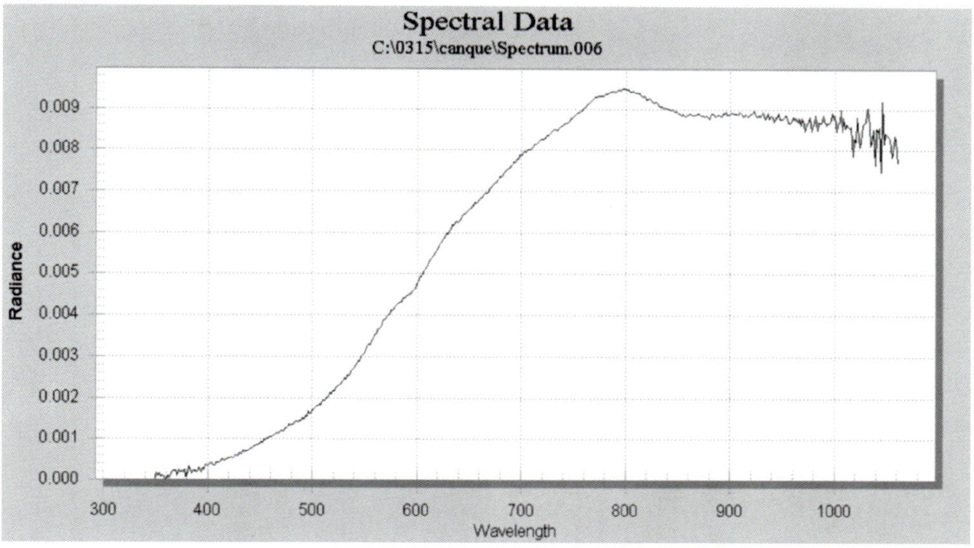

图 2-17　已显现加固部位 D

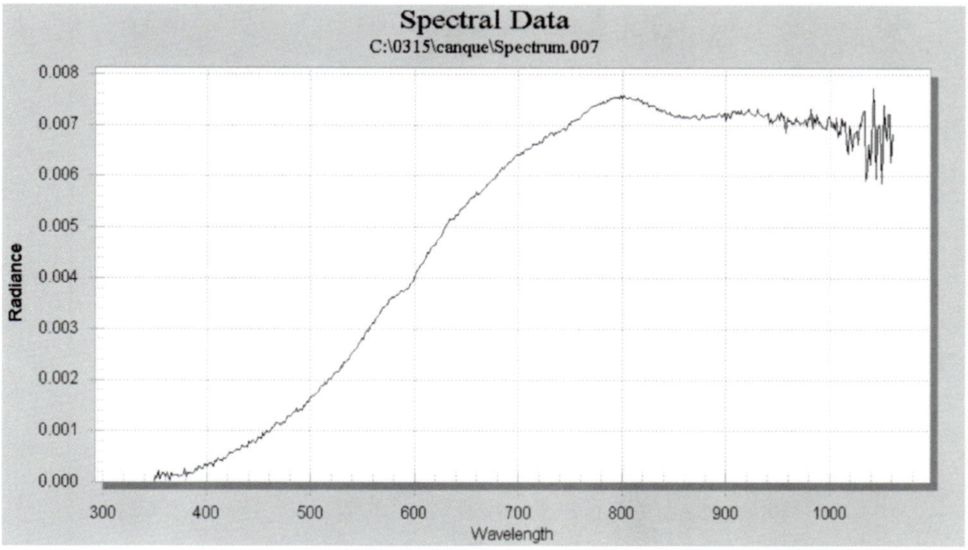

图 2-18　未处理对照部位 D'（同种颜色同一笔画附近）

以上数据表明：显现未改变原有颜料的光谱特性，显现出的颜色与原有古颜料的光谱特性是一致的。

2006 年反射光源模拟太阳器测试结果

1996 年显现加固的彩绘陶器

样品 1：完整彩绘陶器

部位 A：深红色

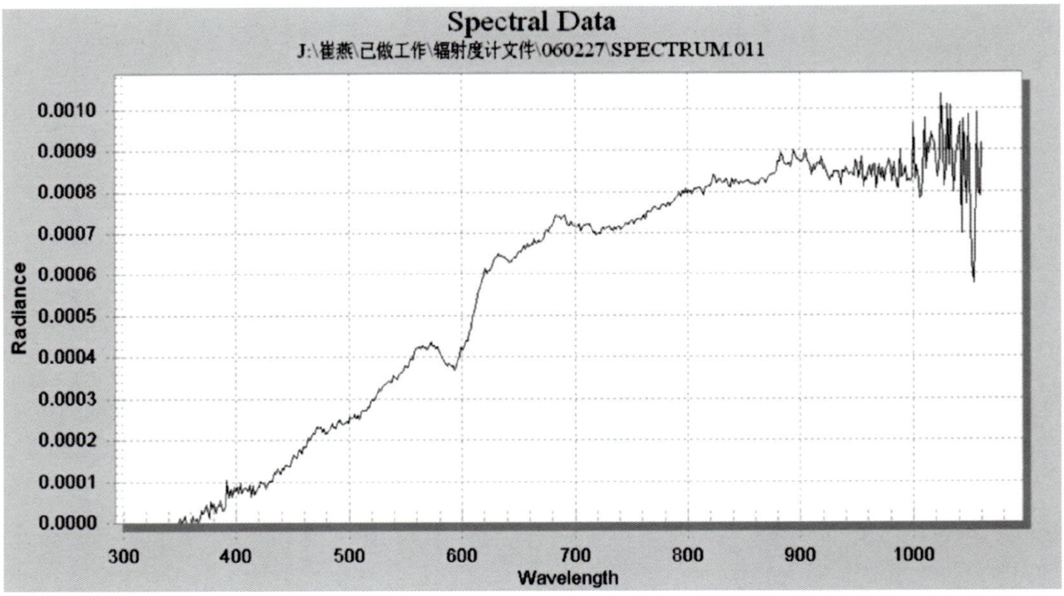

图 2-19　已显现加固部位 A

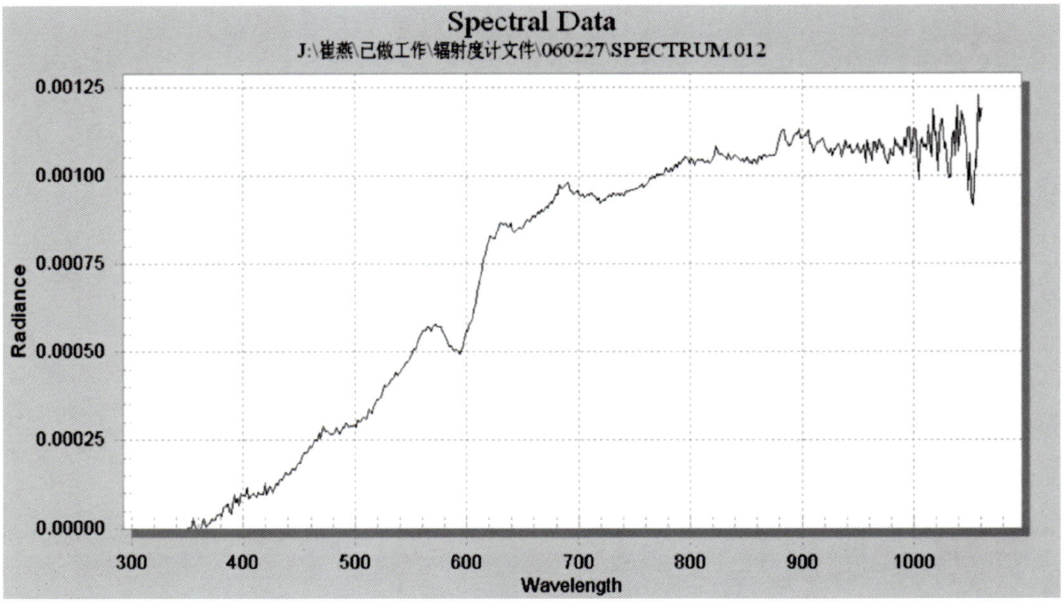

图 2-20　未处理对照部位 A'（同种颜色同一笔画附近）

2006年反射光源模拟太阳器测试结果

1996年显现加固的彩绘陶器

样品1：完整彩绘陶器

部位B：深黄色

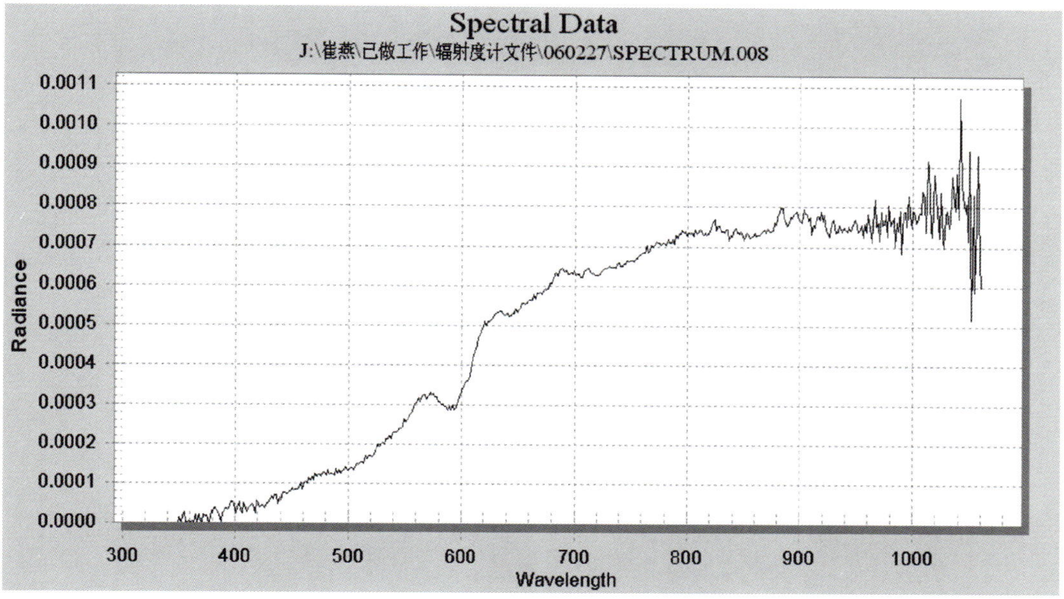

图2-21　已显现加固部位B

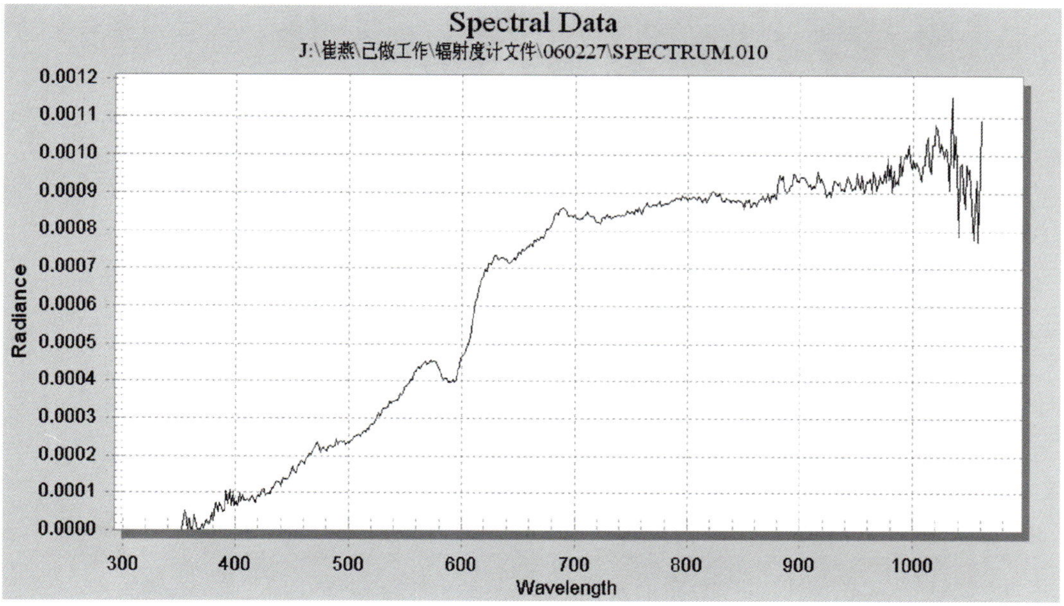

图2-22　未处理对照部位B’（同种颜色同一笔画附近）

2006年反射光源模拟太阳器测试结果

1996年显现加固的彩绘陶器

样品2：残缺彩绘陶器

部位C：深红色

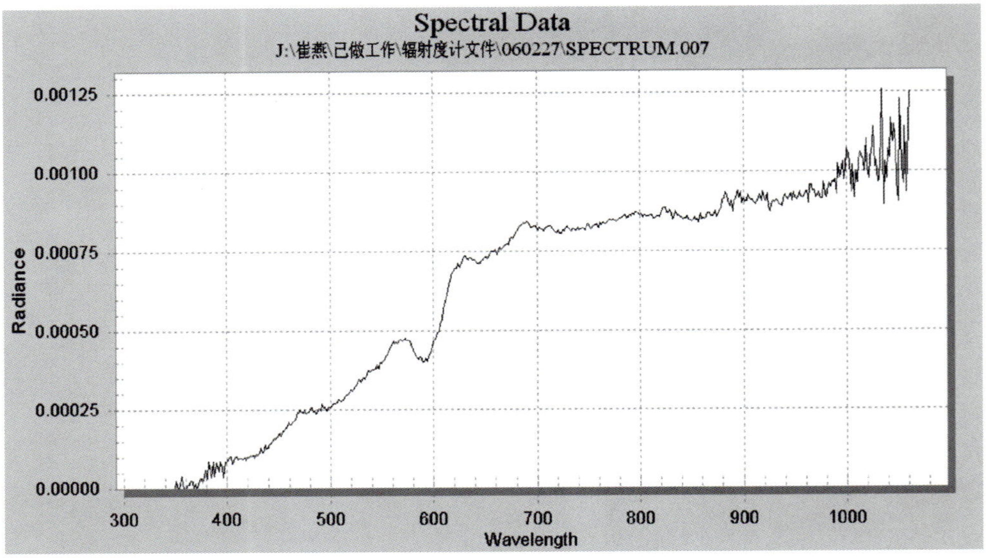

图2-23　已显现加固部位C

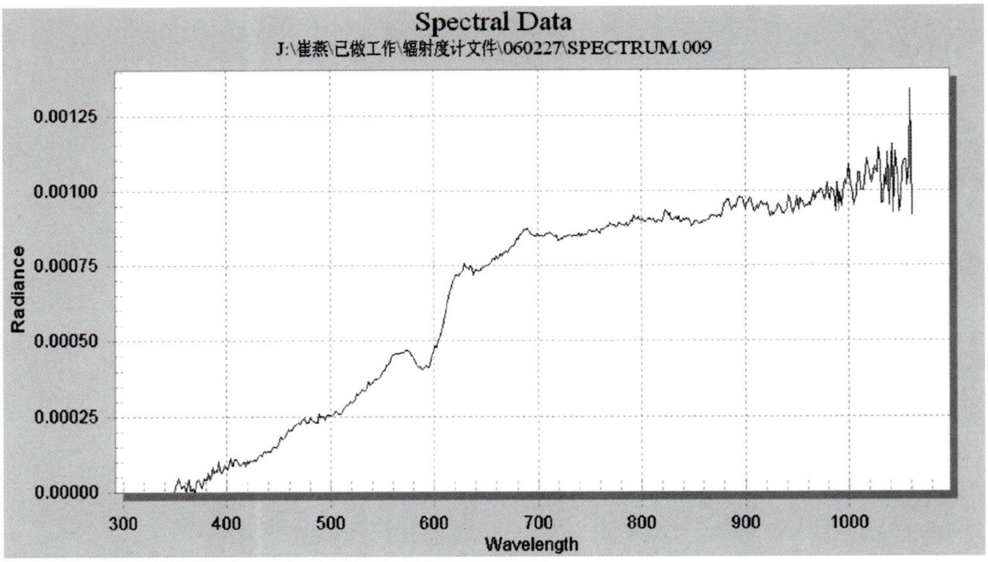

图2-24　未处理对照部位C'（同种颜色同一笔画附近）

以上数据表明：显现未改变原有颜料的光谱特性，显现出的颜色与原有古颜料的光谱特性是一致的。

6.2 最小介入原则体现：未改变原有古颜料物质组成

2003 年对 1996 年显现加固的春秋彩绘陶器进行了光电子能谱测试，测试结果如图 2-25、图 2-26 所示。

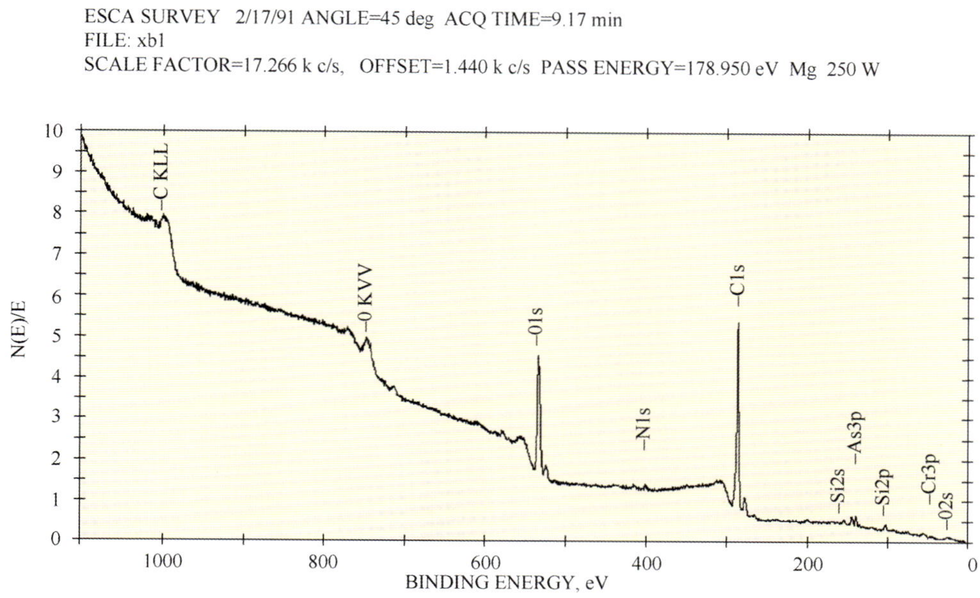

图 2-25　已显现加固部位（样品 A）

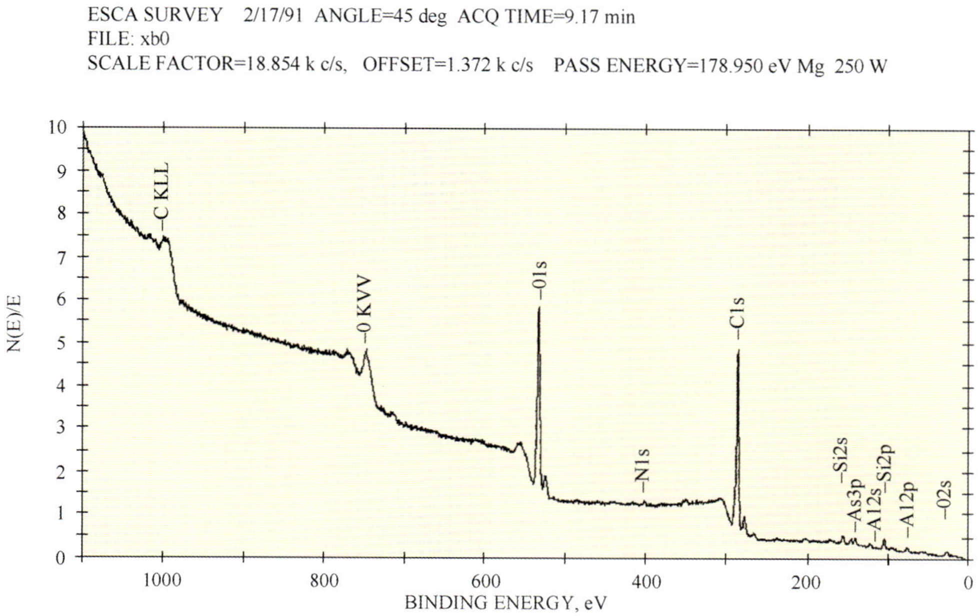

图 2-26　未处理对照部位 A’（同种颜色同一笔画附近）

2003 年对 1998 年显现加固的西安长乐门内檐彩画残片进行了光电子能谱测试，测试结果如图 2-27、图 2-28 所示。

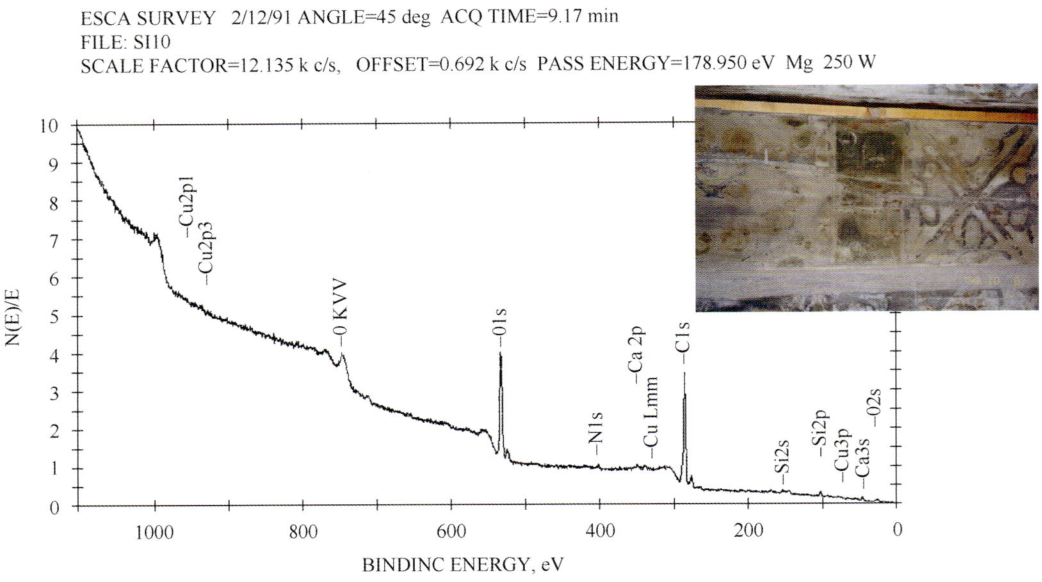

图 2-27 未处理对照部位（同种颜色同一笔画附近）

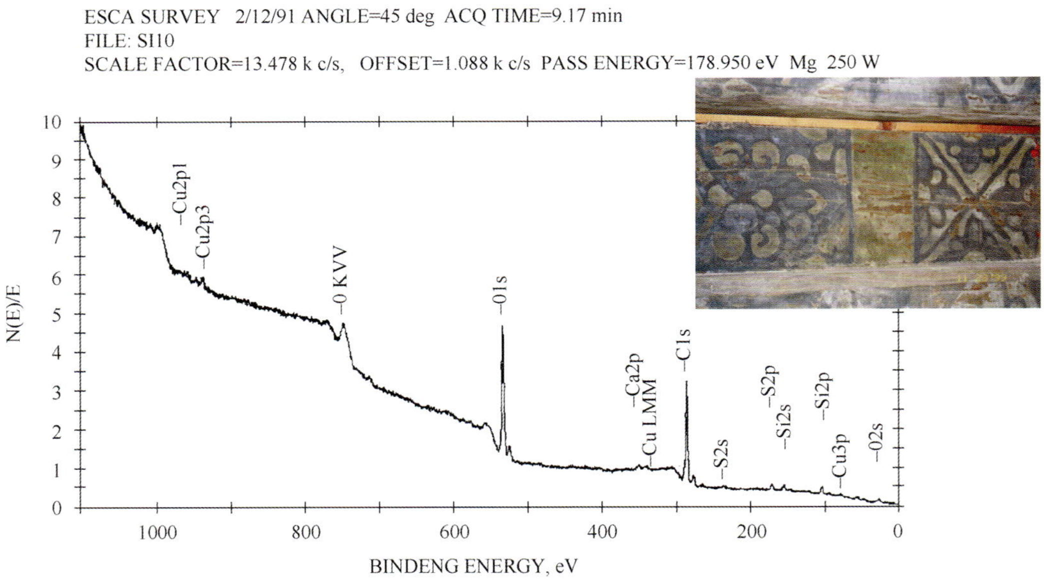

图 2-28 已显现加固部位

2006 年对 1996 年显现加固的春秋彩绘陶器进行了光电子能谱测试，测试结果如图 2-29、图 2-30 所示。

ESCA SURVEY 4/22/88 ANGLE=45 deg ACQ TIME=13.76 min
FILE: yCLO
SCALE FACTOR=29.149k c/s, OFFSET=5.140 k c/s PASS ENERGY=89.450 eV Mg 400 W

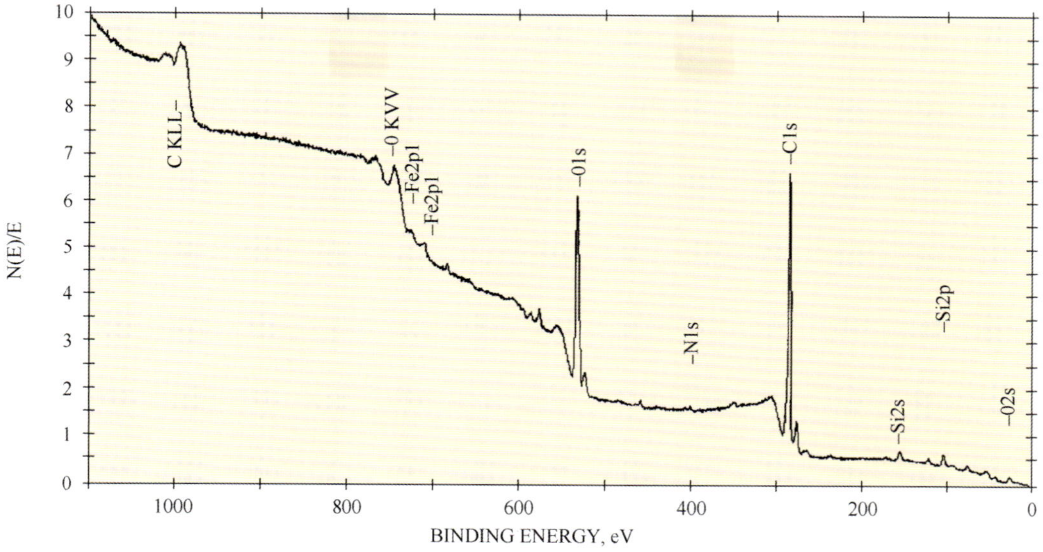

图 2-29 已显现加固部位 A

ESCA SURVEY 4/22/88 ANGLE=45 deg ACQ TIME=9.17 min
FILE: tmp3
SCALE FACTOR=33.066 k c/s, OFFSET=5.140 k c/s PASS ENERGY=89.450 eV Mg 400 W

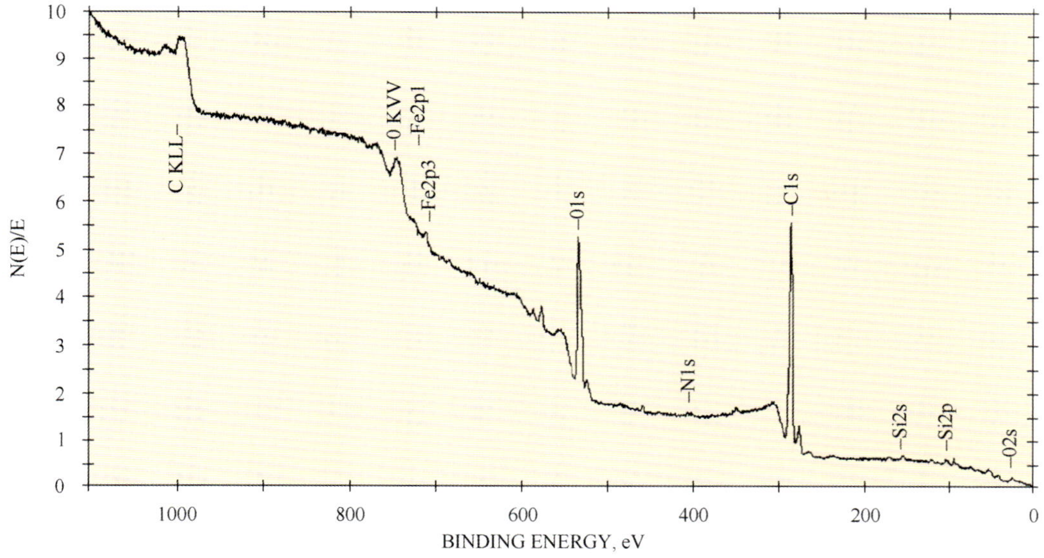

图 2-30 未处理对照部位 A’（同种颜色同一笔画附近）

数据表明：显现加固与未显现加固部位表面 10nm 以内元素组成和原子核外层电子不同轨道上的结合能一致。说明已显现加固部位与未处理部分表面无机组成一致。

2006 年对 1996 年显现加固的春秋彩绘陶器进行了 X 射线衍射测试，测试结果如图 2-31、图 2-32 所示。

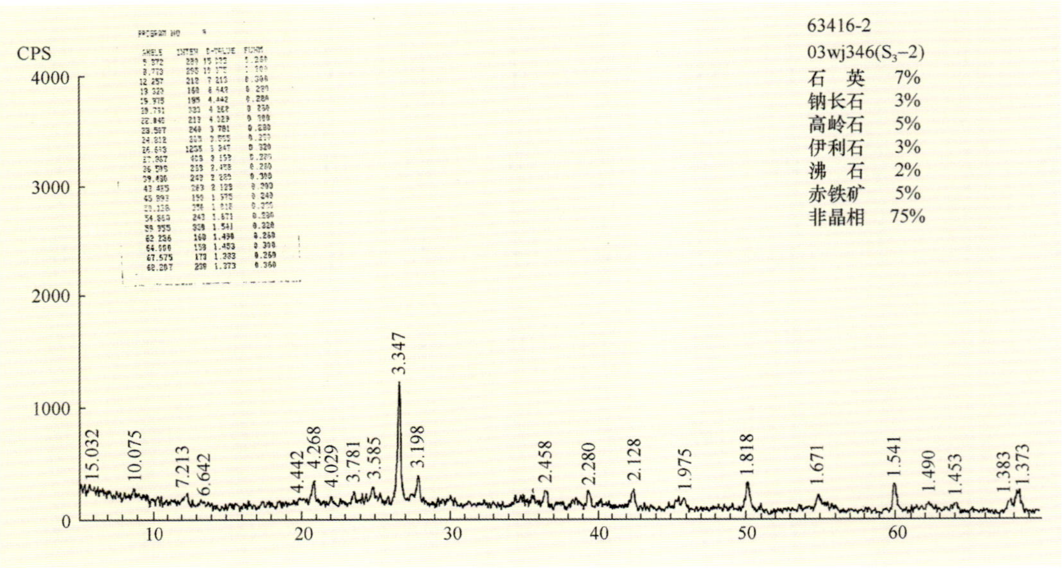

图 2-31 已显现加固残片样

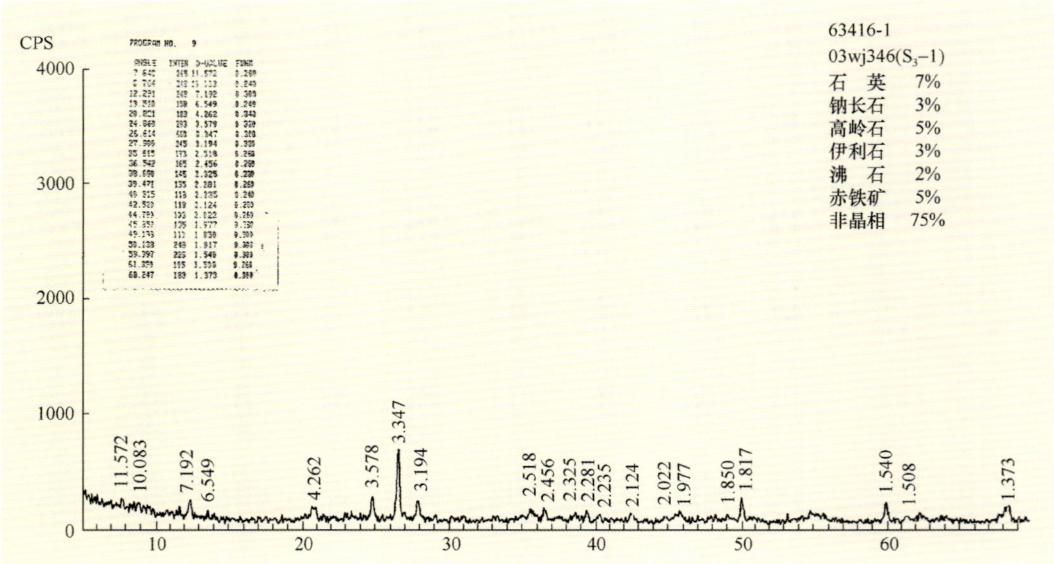

图 2-32 未处理残片对照样（同种颜色同一笔画附近）

两者物质组成均为：石英、钠长石、高岭土、伊利石、沸石、赤铁矿、非晶相。表明两者物质组成与结构一致。

2006 年对 1998 年显现加固的西安长乐门内檐彩画残片进行了 X 射线衍射测试，测试结果如图 2-33、图 2-34 所示。

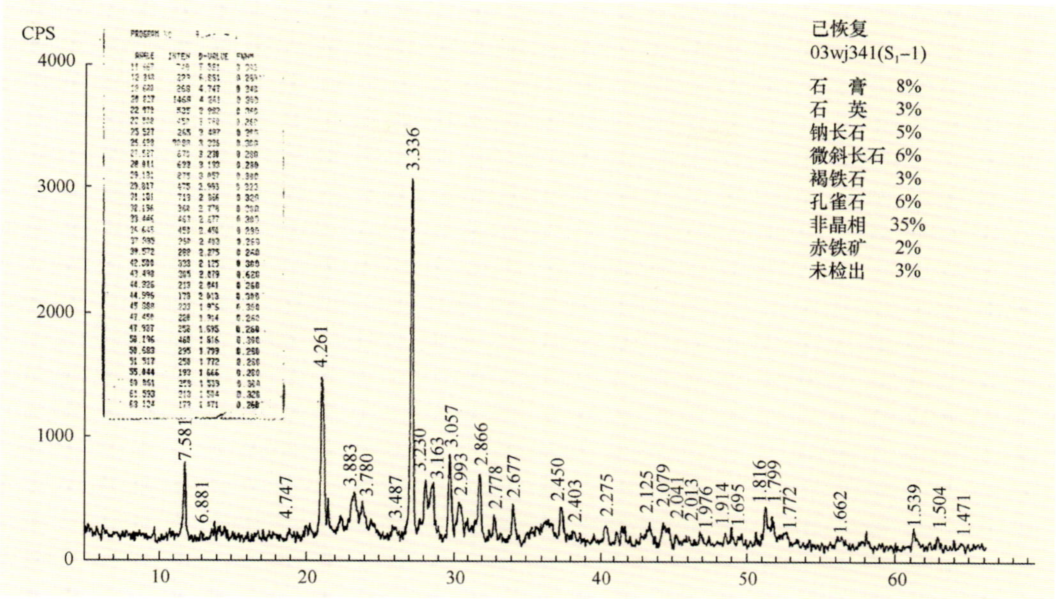

图 2-33 已显现加固残片样

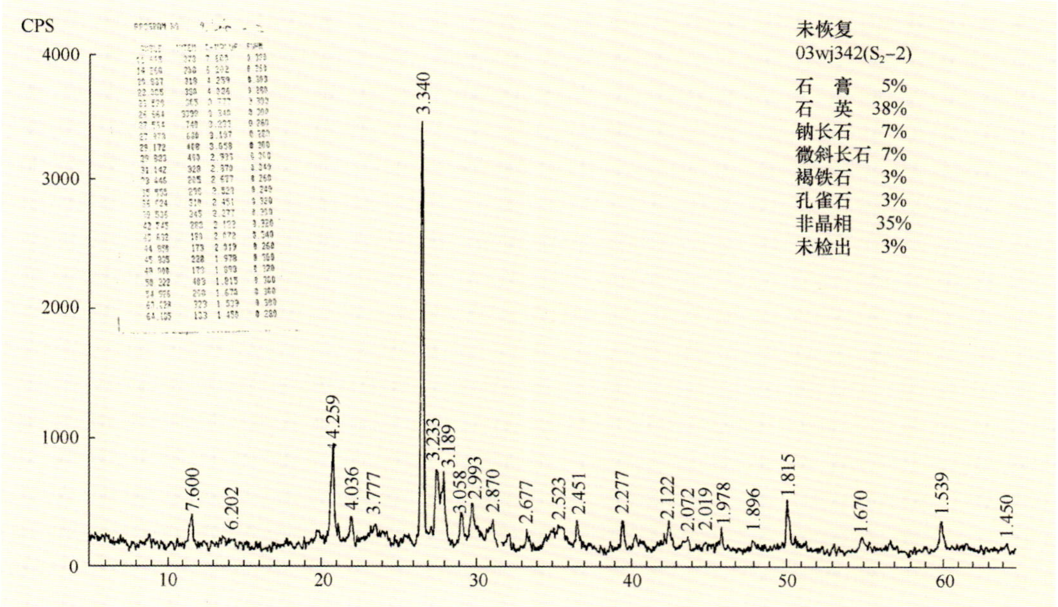

图 2-34 未处理残片对照样（同种颜色同一笔画附近）

两者物质组成均为：石膏、石英、钠长石、微斜长石、褐铁矿、孔雀石、赤铁矿、非晶相。两者物质组成与结构一致。

2006 年对 2001 年显现加固的仓颉庙古建彩画残片进行了 X 射线衍射测试，测试结果如图 2-35、图 2-36 所示。

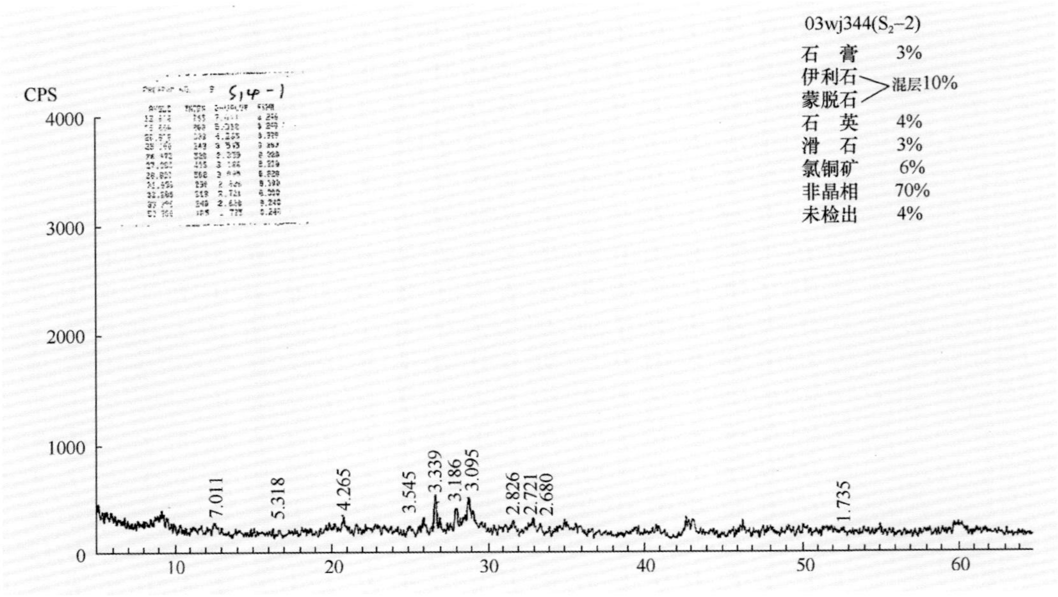

图 2-35　已显现加固残片样

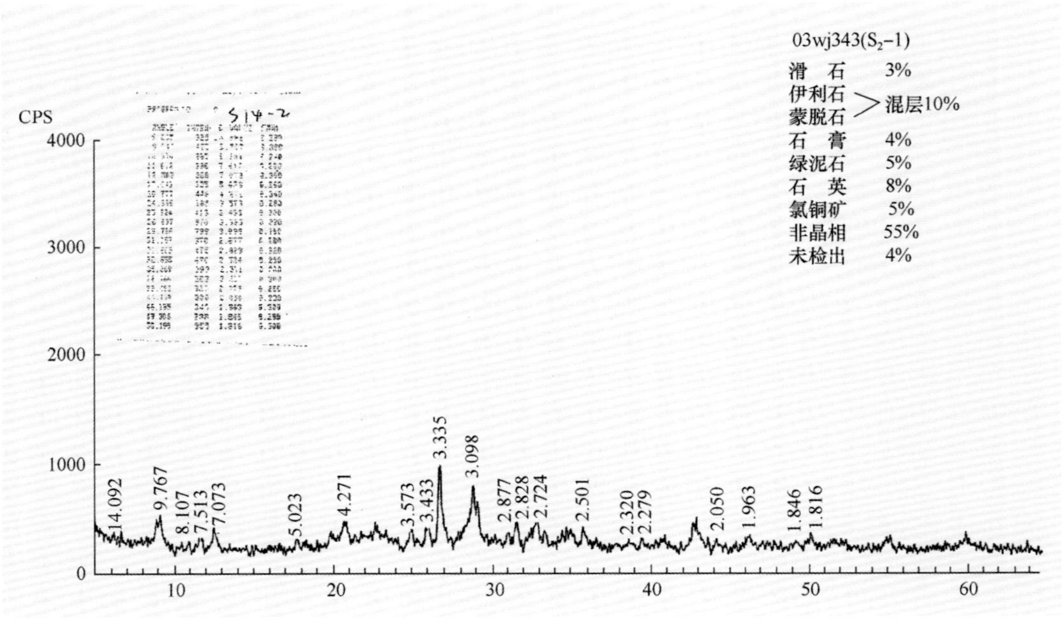

图 2-36　未处理残片对照样（同种颜色同一笔画附近）

两者物质组成均为：石膏、伊利石、蒙脱石、石英、滑石、氯铜矿、非晶相。两者物质组成与结构一致。

利用扫描电镜能谱分析了 2000 年显现加固的唐乾陵永泰公主墓彩绘骑马俑上痕量颜料，结果表明两者元素组成一致（图 2-37、图 2-38）。

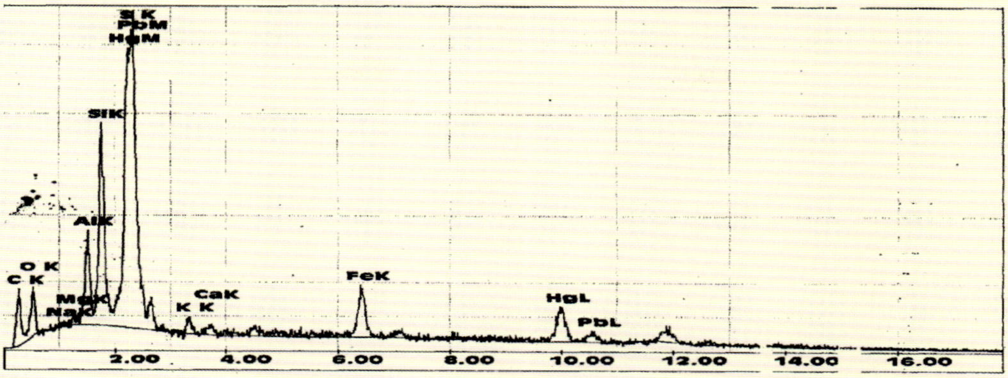

Element	Wt %	At %
C K	30.64	65.53
O K	10.62	17.05
NaK	0.18	0.20
MgK	0.30	0.32
AlK	2.19	2.09
SiK	4.56	4.17
S K	3.51	2.81
K K	0.56	0.37
CaK	0.38	0.24
FeK	3.75	1.72
HgL	32.12	4.11
PbL	11.19	1.39
Total	100.00	100.00

图 2-37　显现加固痕量颜料能谱图

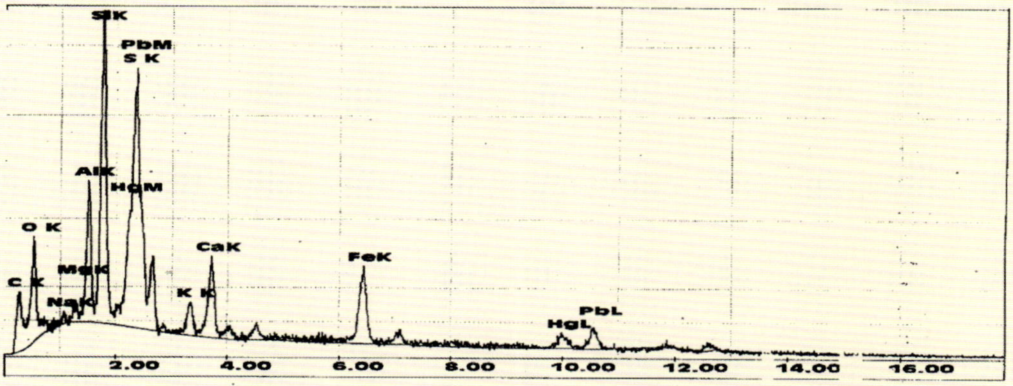

Element	Wt %	At %
C K	28.94	55.18
O K	19.36	27.71
NaK	0.36	0.36
MgK	0.51	0.48
AlK	2.91	2.47
SiK	6.33	5.16
S K	1.56	1.11
K K	1.01	0.59
CaK	2.41	1.38
FeK	4.89	2.00
HgL	11.56	1.32
PbL	20.16	2.23
Total	100.00	100.00

图 2-38　未处理痕量颜料对比样品能谱图

6.3 再处理性能跟踪处理

1996 年，本项目用紫外光加速氧化、粉化 9 种颜料胶料混合物制成的模拟样品，使其褪色，用 RFC 显现加固剂显现加固后，在相对湿度为 75%、温度 40℃的氙灯光源环境中加速老化 72h，使其稳定。显现前后的稳定状态在保持 10 年之后，再用 RFC 显现加固剂显现加固处理，能均匀附着（图 2-39、图 2-40）。

1996年9月模拟褪色样品局部显现加固后　　2006年9月在显现加固部位再次局部显现加固

图 2-39　模拟石灰地仗壁画显现加固前后效果

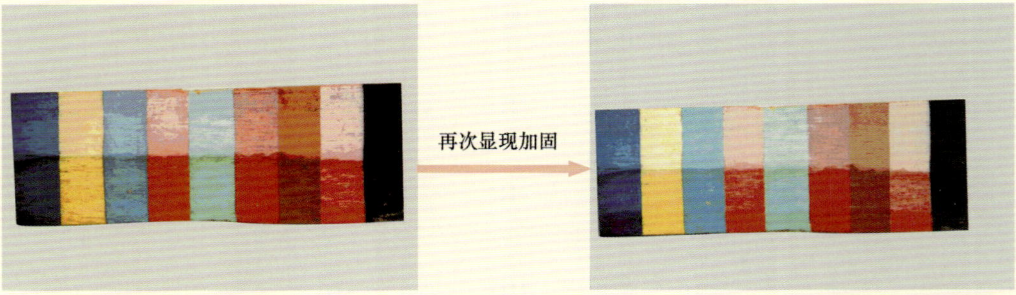

1996年9月模拟褪色样品局部显现加固后　　2006年9月在显现加固部位再次局部显现加固

图 2-40　模拟木板色彩画显现加固前后效果

经 RFC 显现加固剂显现加固的风化褪色文物彩绘原貌稳定保持 10 年后，对有机溶剂型的 RFC 显现加固剂与水性材料均能保持亲和力，能均匀附着，充分体现了其再处理性能，如图 2-41 所示。

1. 1996年9月局部显现加固后

2. 2006年9月在显现加固部位局部显现加固后10年保持状况（完整均匀附着）

图2-41 褪色、模糊不清的秦遗址宫殿壁画残片显现加固后效果

第七节　整体显现加固实施效果与自然环境时效考验跟踪观察

2003 年，在风化褪色成因研究、显现加固机理研究、显现加固剂材料协同功能研究、显现加固耐久性能加速系列评价、局部显现加固自然环境时效考验的基础上，制订了“风化褪色的西汉兵马俑显现加固方案”。逐级上报，2004 年获国家文物局批准。根据批准文件指示，对风化褪色的西汉彩绘兵马俑进行整体显现加固。

通过整体实施之后，原有的本应灰头灰脑、模糊不清、无法辨认的兵俑显现出了清晰的种族特点、神态各异的表情、威武昂扬的发饰、色彩艳丽的服饰、楚楚逼真的盔甲，连缀甲片、束带、蝴蝶结、武弁、蝉衣、束发頍等亦清晰可辨。色彩斑驳、目光呆滞的战马也恢复了激昂咆哮的神态，战马身披的辔头、鞲子等如同原物。

7.1　风化褪色、肢体断裂的西汉彩绘兵马俑显现加固与修复效果展示

对兵马俑进行了显现加固，取得了令人满意的效果（图 2-42～图 2-54）。

1. 显现加固前

2．显现加固后
（2004 年 4 月显现加固，
2005 年 9 月拍摄）

3．2010 年 9 月跟踪
观察时拍摄

图 2-42　步兵俑 1 显现加固效果

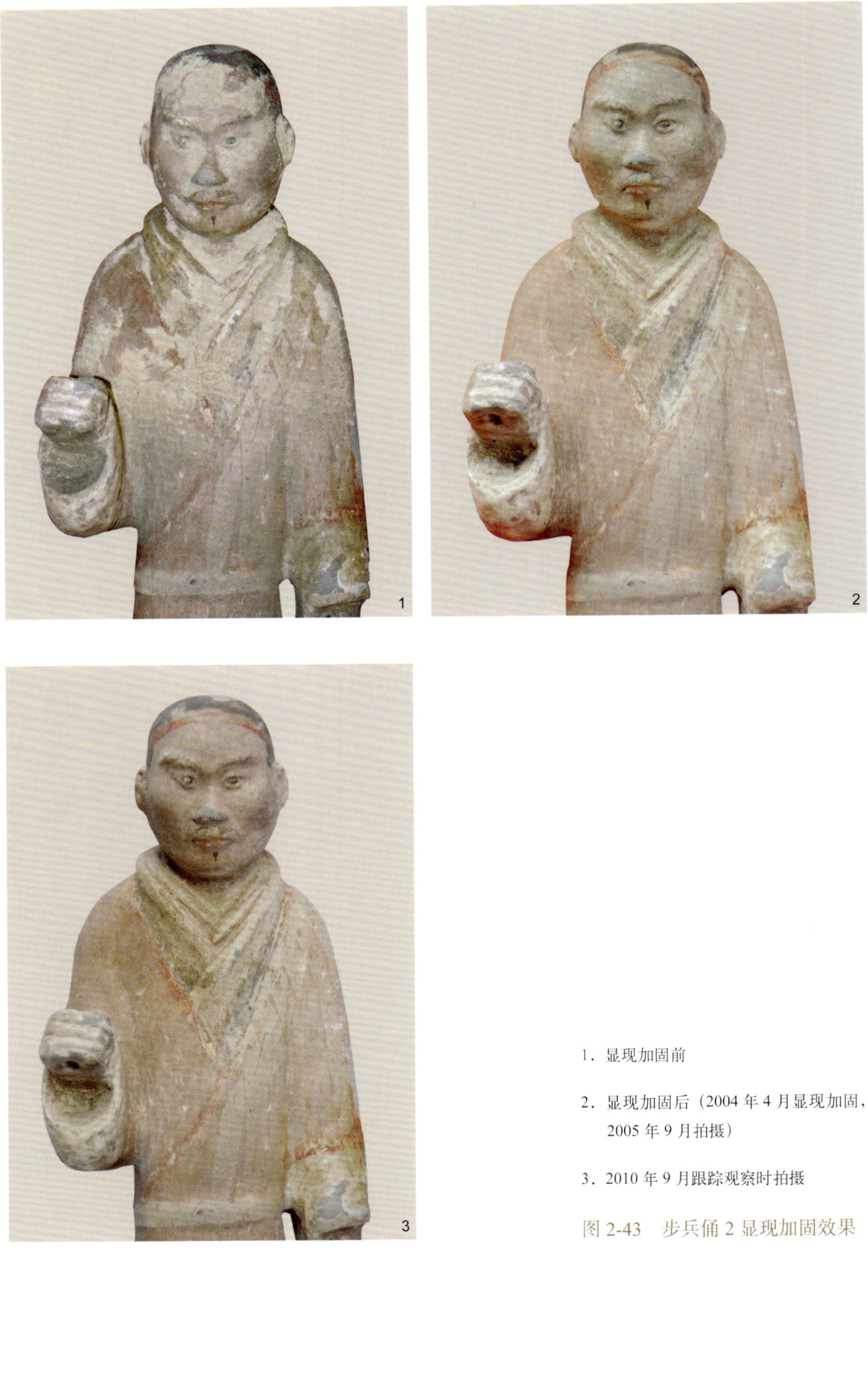

1．显现加固前

2．显现加固后（2004 年 4 月显现加固，2005 年 9 月拍摄）

3．2010 年 9 月跟踪观察时拍摄

图 2-43　步兵俑 2 显现加固效果

1. 显现加固前

2. 显现加固后（2004 年 4 月显现加固，2005 年 9 月拍摄）

3. 2010 年 9 月跟踪观察时拍摄

图 2-44　步兵俑 3 显现加固效果

1．显现加固前

2．显现加固后（2004 年 4 月显现加固，2005 年 9 月拍摄）

3．2010 年 9 月跟踪观察时拍摄

图 2-45　步兵俑 4 显现加固效果

1．显现加固前

2．显现加固后（2004 年 4 月显现加固，2005 年 9 月拍摄）

3．2010 年 9 月跟踪观察时拍摄

图 2-46　步兵俑 5 显现加固效果

1．显现加固前

2．显现加固后（2004 年 4 月显现加固，2005 年 9 月拍摄）

3．2010 年 9 月跟踪观察时拍摄

图 2-47　步兵俑 6 显现加固效果

1．显现加固前

2．显现加固后（2004 年 4 月显现加固，2005 年 9 月拍摄）

3．2010 年 9 月跟踪观察时拍摄

图 2-48　步兵俑 7 显现加固效果

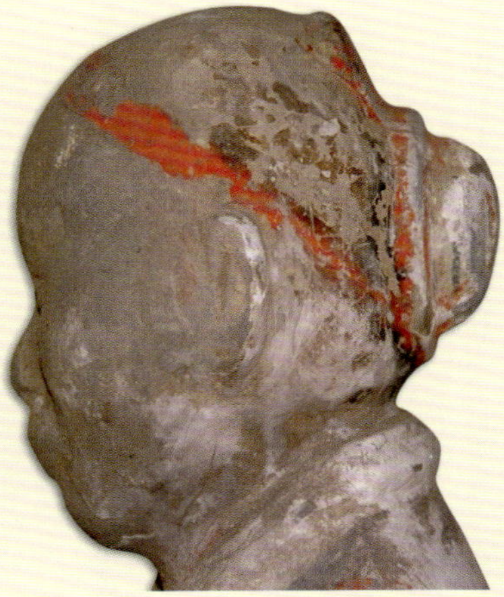

1．显现加固前

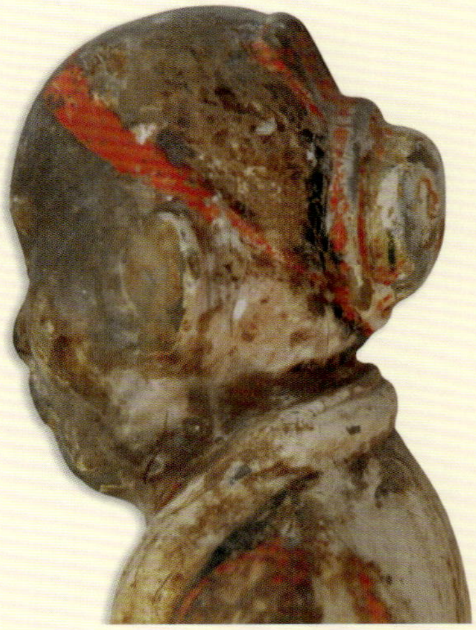

2．显现加固后（2004 年 4 月显现加固，2005 年 9 月拍摄）

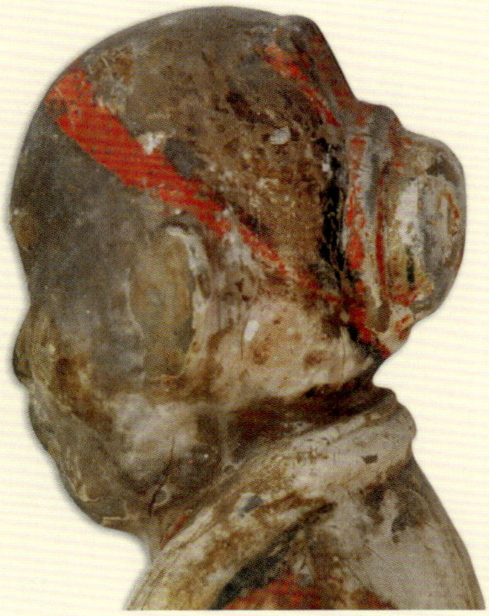

3．2010 年 9 月跟踪观察时拍摄

图 2-49　步兵俑 8 显现加固效果

1．修复前

2．修复并显现加固后（2004 年 4 月修复，2006 年 9 月拍摄）

3．2012 年 4 月跟踪观察时拍摄

图 2-50　陶马 1 修复并显现加固效果

1．修复前

2．修复并显现加固后（2004 年 4 月修复，2006 年 9 月拍摄）

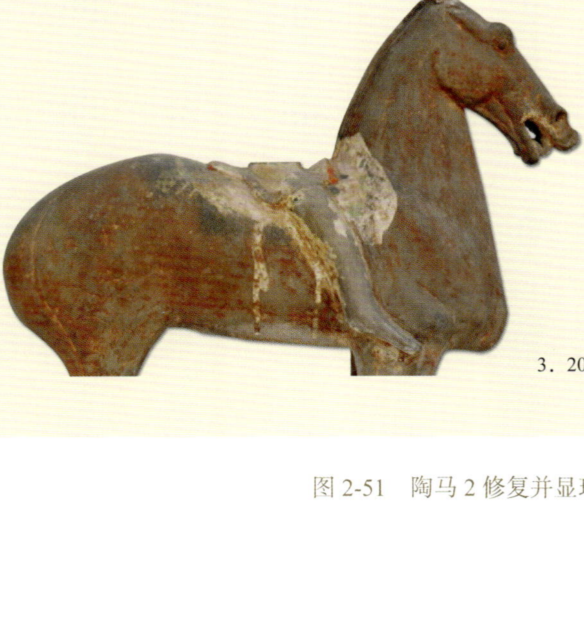

3．2012 年 4 月跟踪观察时拍摄

图 2-51　陶马 2 修复并显现加固效果

图 2-52　陶马 3 修复并显现加固效果

1．显现加固前　　2．显现加固后

图 2-53　盾牌 1 显现加固效果

图 2-54　盾牌 2 显现加固效果

1．显现加固前　　2．显现加固后

7.2　步兵俑整体军阵显现加固效果

2004 年对咸阳博物馆馆藏兵马俑整体实施显现加固修复后，完整再现了出土时的彩绘原貌，恢复了原有彩绘的独特艺术魅力，展示了大汉军队的雄伟气势，如图 2-55 所示。

据 20 世纪 70 年代参加此次考古工作的专家反映，显现出的彩绘原貌与 70 年代出土时的状况相近。抢救修复后的文物多次赴欧美等海外地区展出。对显现加固的每一例文物跟踪观察至今，未发生变化，如图 2-56 所示。

图 2-55　步兵俑整体军阵显现加固效果

图 2-56　骑兵俑整体军阵显现加固效果

第三章　龟裂、起翘、脱落彩绘层回位修复科学研究与工程应用

第一节　彩绘层龟裂、起翘、脱落成因研究分析

彩绘层龟裂、起甲、脱落的宏观原因是由于应力不均，附着力降低造成。具体原因主要有胶料因素、陶衣与陶体密实程度因素、环境变化因素等综合因素的影响。

1.1　胶料彩绘层组成与性质影响

胶料彩绘层的组成与性质对其龟裂、起甲、脱落具有重要影响。本项目对该批兵马俑的胶料类型与无机颜料进行了研究分析。

咸阳博物馆西汉彩绘兵马俑彩绘颜色主要以红色、白色为主，还有少量的绿色、黑色。本书采用扫描电镜能谱、X 射线衍射、拉曼光谱等方法分析了几种主要颜料的成分。

1.1.1　实验仪器及材料

Quanta 200 环境扫描电子显微镜（FEI 公司），ALMEGA-TM 激光拉曼光谱仪（美国 Therm Nicolet 公司），D/Max-3c 全自动 X 射线衍射仪（日本 Rigalcu）。Vario EL III 元素分析仪（德国元素分析系统公司），光电子能谱分析仪（英国 KRATOS ANALYTICAL Ltd），明胶（衡水市绿岛明胶有限公司），桃胶（山东泰安胶粘剂加工厂），铁红颜料（曲江县众达颜料有限公司），从西汉彩绘兵马俑不同部位采到的颜料样品。

1.1.2　试样的获取与制作

西汉彩绘兵马俑样品：从彩绘兵俑、马俑身上起甲颜料的隐蔽部位分别取少量的红色、白色、绿色、黑色颜料，见表 3-1。

表 3-1　样品描述

样品编号	取样位置	样品编号	取样位置
1 号	骑马俑头部红色束发带	4 号	骑马俑战袍绿色条纹
2 号	步兵俑红色战袍	5 号	骑马俑黑色盔甲
3 号	战马身上白色		

对照样品：铁红与明胶混合样，采用 60℃恒温水浴中熬制 10% 的明胶水溶液，在一定量铁红颜料中加入相同量的 10% 明胶溶液，混合均匀，涂在载玻片上、自然晾干，用刀片小心刮下，备做光电子能谱。铁红与桃胶混合样，在 60℃恒温水浴中熬制 10% 的桃胶溶液，在一定量铁红颜料中加入相同量的 10% 桃胶水溶液，混合均匀，涂在载玻片上、自然晾干，用刀片小心刮下，备做光电子能谱。

1.1.3　分析方法

颜料分析：利用环境扫描电镜能谱对 1、2、3、4、5 号样品在高真空条件下分析其主要元素组成，利用激光拉曼光谱仪在激光波长 λ=532 nm 的条件下对 1、2 号样品进行分析，采用全自动 X 射线衍射仪对 3、4、5 号样品进行分析。

胶料分析：采用元素分析仪在碳氢氮模式下对 1~5 号样品中有机元素进行分析，采用 X 射线光电子能谱对西汉彩绘样品、明胶与铁红混合样品、桃胶与铁红混合样品、明胶、桃胶的表面元素进行分析。

1.1.4　颜料分析结果

1 号样品

图 3-1、表 3-2 为 1 号样品扫描电镜能谱分析结果，从中可以看出该样品中含有大量的 Hg 和 S 元素，推测其红色成分很可能为 HgS，图 3-2 为 1 号样品的激光拉曼光谱图，其与标准朱砂矿物颜料在 342cm^{-1}，286cm^{-1}，253cm^{-1} 处吸收曲线一致，证明该样品主要成分为朱砂。

表 3-2　1 号样品扫描电镜能谱分析结果

元　素	质量百分含量	原子数百分含量	元　素	质量百分含量	原子数百分含量
C K	08.15	20.37	S K	08.82	08.26
O K	26.46	49.65	K K	01.28	00.98
MgK	01.26	01.56	CaK	05.48	04.11
AlK	03.15	03.51	HgL	40.20	06.02
SiK	05.20	05.55			

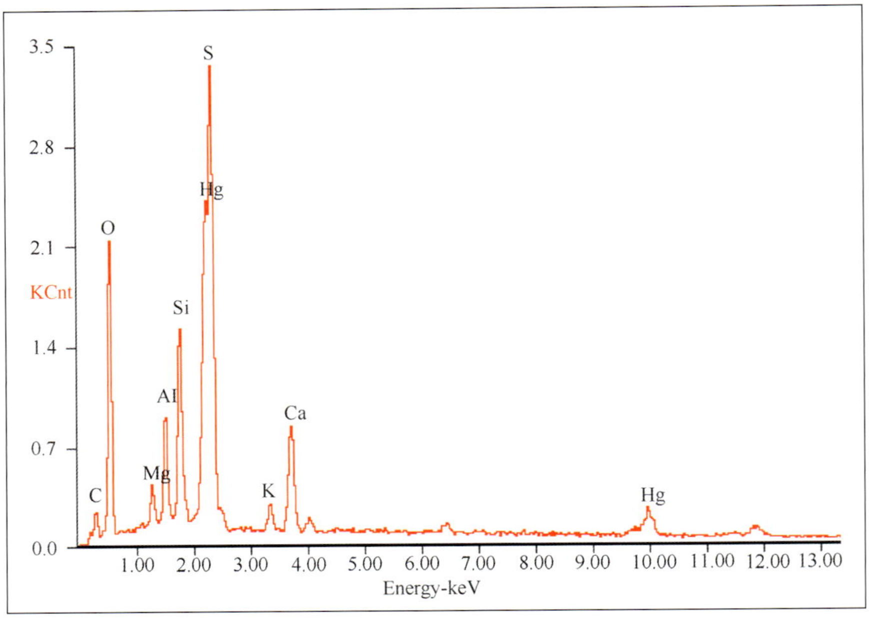

图 3-1　1 号样品扫描电镜能谱图

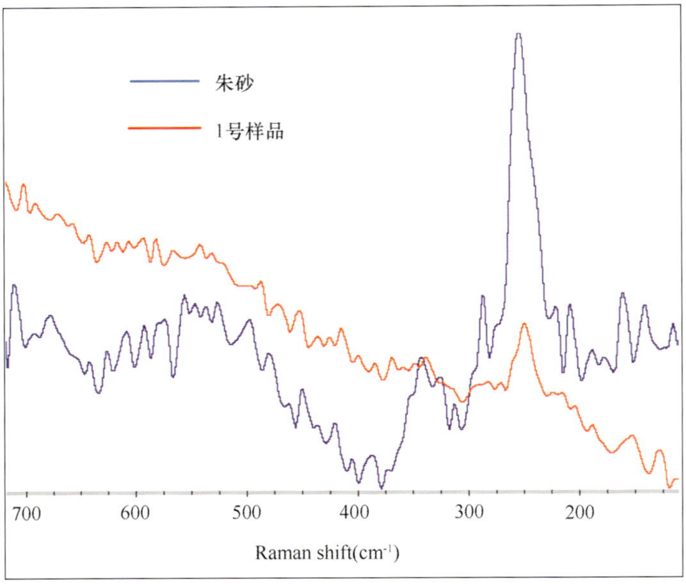

图 3-2　1 号样品拉曼光谱图

2 号样品

图 3-3、表 3-3 为 2 号样品扫描电镜能谱分析结果，从中可以看出该样品中含有大量的 Hg 和 S 元素，推测其成分可能为 HgS，图 3-4 为 2 号样品的激光拉曼光谱分析结果，其与标准朱砂矿物颜料在 342cm^{-1}，286cm^{-1}，253cm^{-1} 处吸收曲线一致，证明该样品主要成分为朱砂。这与古代常用朱砂作为红色颜料相一致。

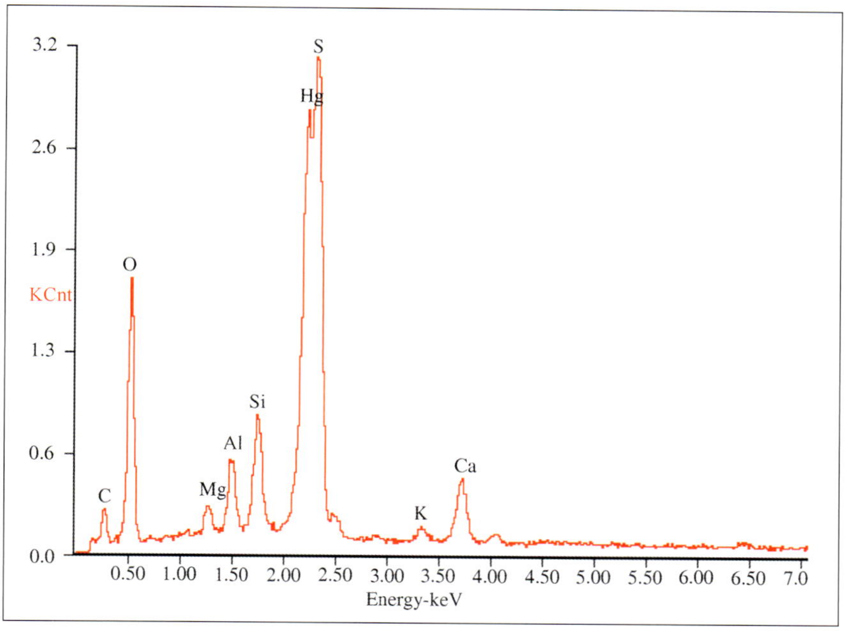

图 3-3　2 号样品扫描电镜能谱图

表 3-3　2 号样品扫描电镜能谱分析结果

元　　素	质量百分含量	原子数百分含量	元　　素	质量百分含量	原子数百分含量
CK	12.63	29.05	SK	10.14	08.74
OK	27.13	46.86	KK	00.89	00.63
MgK	01.12	01.27	CaK	04.03	02.78
AlK	02.35	02.40	HgL	38.74	05.34
SiK	02.97	02.93			

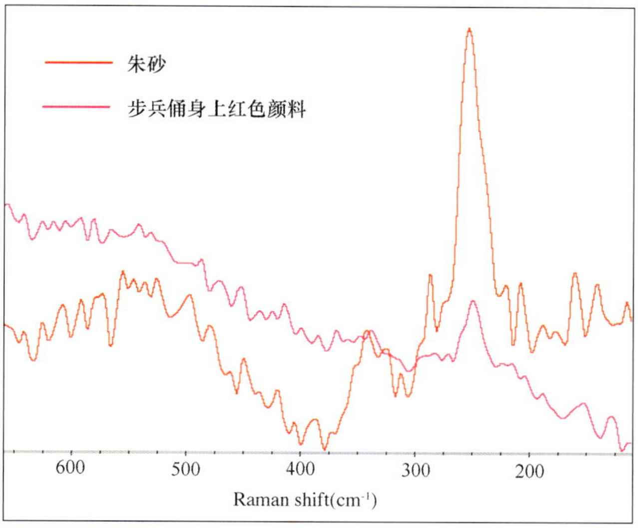

图 3-4　2 号样品拉曼光谱图

3 号样品

对 3 号样品进行了扫描电镜能谱分析与 X 射线衍射分析，扫描电镜能谱分析（图 3-5、表 3-4）显示其主要成分为 Al、Si、S、Ca、O 等，X 射线衍射图（图 3-6）在 2θ 为 8.97、12.19、17.83、20.96、26.79、45.49 处衍射峰强度较大。表明该颜料中含有大量黏土成分，主要物相为石英、云母、高岭土。这与古代常用黏土作为白色颜料相一致。

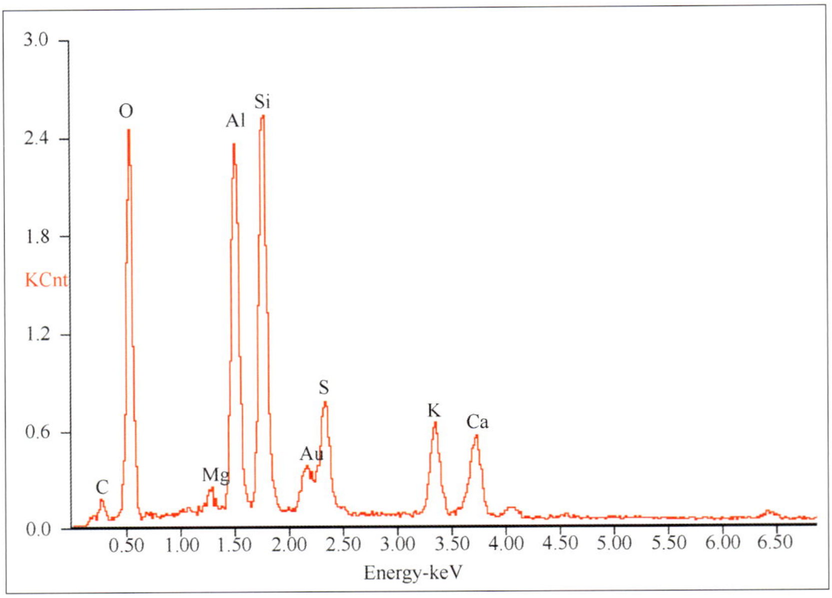

图 3-5　3 号样品扫描电镜能谱图

表 3-4　3 号样品扫描电镜能谱分析结果

元　素	质量百分含量	原子数百分含量	元　素	质量百分含量	原子数百分含量
CK	09.65	15.81	SiK	16.22	11.37
OK	43.66	53.72	SK	05.37	03.30
MgK	00.90	00.73	KK	05.68	02.86
AlK	13.11	09.56	CaK	05.41	02.66

4 号样品

对 4 号样品进行了扫描电镜能谱分析与 X 射线衍射分析，图 3-7、表 3-5 为扫描电镜能谱分析结果，显示样品中含有较多的 Cu 元素，通过 X 射线图谱（图 3-8）与标准石绿图谱对照，证实其为石绿，这与古代常用石绿作为绿色颜料相一致。

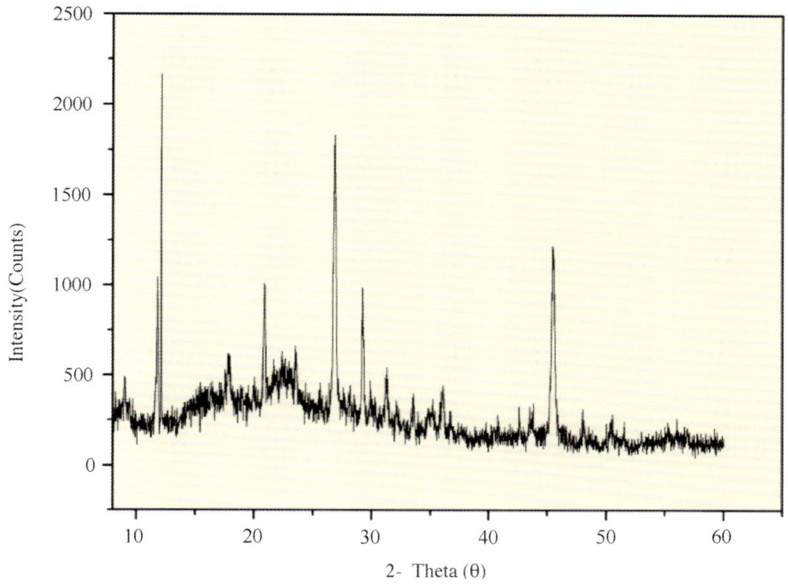

图 3-6　3 号样品 X 衍射图谱

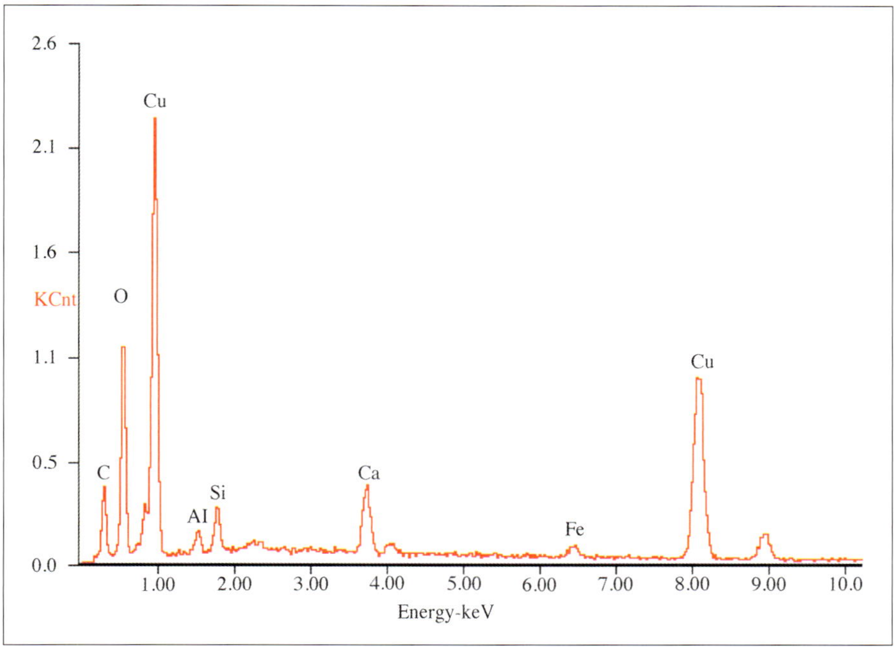

图 3-7　4 号样品扫描电镜能谱图

表 3-5　4 号样品扫描电镜能谱分析结果

元　素	质量百分含量	原子数百分含量	元　素	质量百分含量	原子数百分含量
C K	20.14	42.09	CaK	03.53	02.21
O K	20.28	31.82	FeK	01.57	00.70
AlK	01.09	01.01	CuK	51.27	20.26
SiK	02.13	01.90			

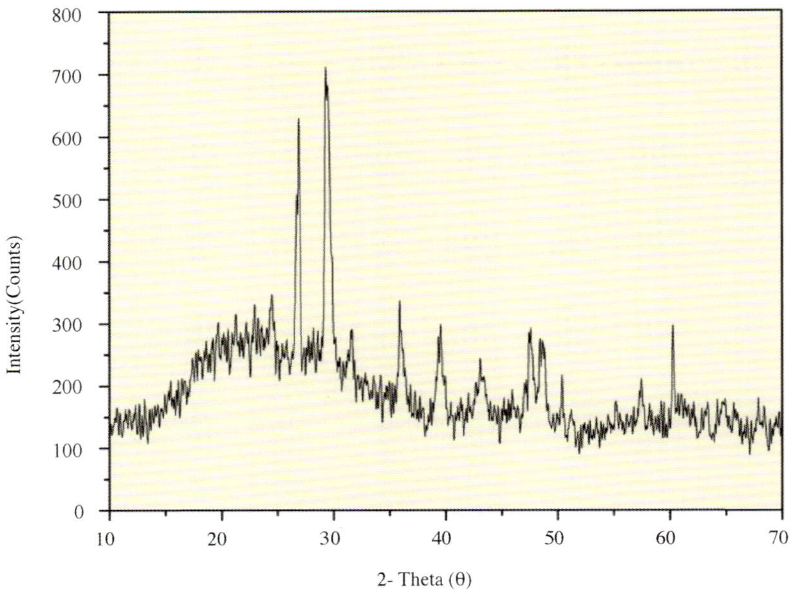

图 3-8　4 号样品 X 衍射图谱

5 号样品

由于黑色颜料在该批兵马俑上用量很少，极其珍贵，只对其做了 X 射线衍射分析（图 3-9），从衍射图初步分析其为碳黑，这与古代常用碳黑作为黑色颜料相一致。

1.1.5　胶料分析结果

该批彩绘兵马俑在地下经历两千余年，地上经历 40 余年，胶料的原有结构已降解，但其元素组成则基本未变。对五种不同部位西汉彩绘的样品进行元素分析，结果见表 3-6，五种样品中均含有 N 元素，初步判断 N 元素可能来自样品中的动物胶，进一步做 X 射线光电子能谱分析，结果见表 3-7。可以看出，桃胶、桃胶 + 铁红样、铁红均不含 N，而西汉彩绘颜料、明胶、明胶 + 铁红样均含 N，且其结合能在 398～400

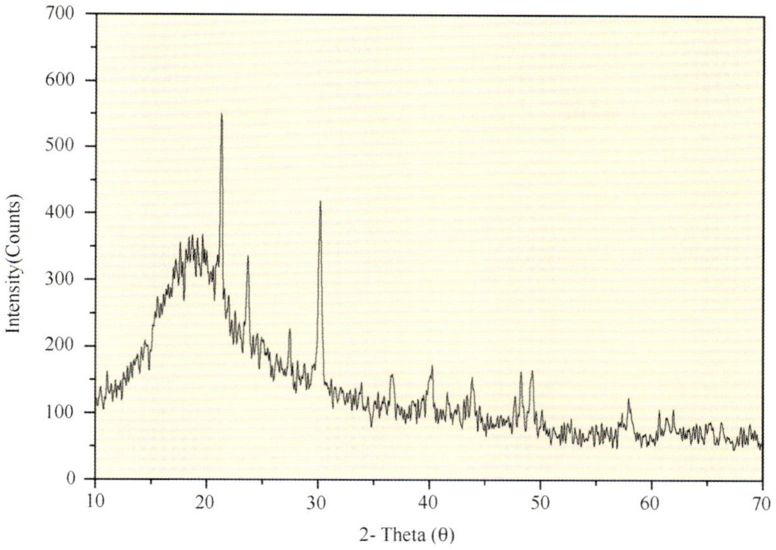

图 3-9　5 号样品 X 射线衍射图谱

之间，说明 N 来源于蛋白质，而不是硝酸盐或铵盐，据此推测西汉彩绘兵马俑所用胶为动物胶。

表 3-6　元素分析结果

样品序号	N%	C%	H%
1	1.890	2.904	1.138
2	1.758	1.952	0.891
3	1.594	0.852	0.836
4	1.839	1.031	0.795
5	1.680	2.268	0.646

表 3-7　光电子能谱分析的兵马俑彩绘及现代胶料元素统计表

样　　品	所含元素	原子百分比	质量百分比
西汉彩绘铁红颜料	Fe 2p	1.15	3.44
	O 1s	57.33	49.10
	N 1s	1.17	0.88
	Ca 2p	1.27	2.72
	C 1s	16.65	10.70
	Si 2p	13.12	19.72
	Al 2p	9.31	13.45

续表

样　品	所含元素	原子百分比	质量百分比
动物胶＋铁红	Fe 2p	2.24	8.66
	O 1s	26.40	29.28
	N 1s	19.08	18.53
	C 1s	52.28	43.53
植物胶＋铁红	Fe 2p	3.77	13.58
	O 1s	45.78	47.29
	C 1s	50.45	39.13
铁红	Fe 2p	9.25	27.70
	O 1s	64.87	55.63
	C 1s	25.88	16.66
动物胶	O 1s	20.86	25.18
	N 1s	20.78	21.95
	C 1s	58.36	52.87
植物胶	Na 1s	1.04	1.74
	O 1s	34.41	40.04
	C 1s	62.99	55.03
	Si 2p	1.56	3.19

近十年来，我们在进行颜料、胶料层加速老化研究时发现，使用较高浓度的动物胶与石青、石绿、朱砂等常用颜料配制而成的彩绘层通常都比较脆，绘制时一般未能深入陶体之中，在空气湿度由高到低变化时，很易起甲、脱落。由此推测，该批兵马俑彩绘层的起甲、脱落很可能是由高浓度动物胶而起。

1.2 陶体基质因素分析

相当部分龟裂起翘的彩绘层因在彩绘层之下，陶体之上有一层无机材料形成的陶衣，或因陶体表面密实光洁，彩绘层未渗入陶体之中。彩绘层与陶衣或因光洁密实陶体表面附着力减弱，导致分离。

1.3 环境变化因素

该批兵马俑出土前处于高湿缺氧环境中数千年，出土前后环境发生剧烈变化。陶俑、陶马表面彩绘未渗入其中，湿润膨胀彩绘层在干燥收缩后其应力发生变化，导致龟裂、起翘与脱落。

第二节　回位修复技术研究

2.1　陶质彩绘耐久性评价体系

导致龟裂、起翘、脱落的直接原因为彩绘层应力变化，彩绘层应力变化的评价体系由柔韧性、附着力两个指标构成。

2.1.1　附着力

《漆膜附着力测定法》GB/T1720 — 79（89）规定了漆膜附着力测试方法，将样板固定在一个可以前后移动的平台上，在平台移动的同时，作圆圈运动的唱针划透漆膜，并能划出重叠圆滚线的纹路，从圆滚线的纹路中观察漆膜破坏的位置，以判断附着力的级别。评级时可从 7 级（最内层）开始评定，也可从 1 级（最外圈）评级，按顺序检查各部位的漆膜完整程度，如某一部位的格子有 70% 以上完好，则认为该部位是完好的，否则认为坏损。例如，部位 1 漆膜完好，附着力最佳，定为 1 级；部位 1 漆膜坏损而部位 2 完好无损，附着力次之定为 2 级。依次类推，7 级附着力最差，如图 3-10 所示。

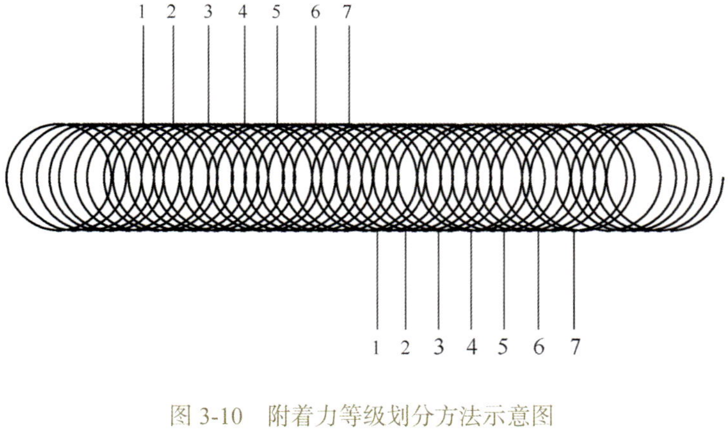

图 3-10　附着力等级划分方法示意图

2.1.2　柔韧性

《漆膜柔韧性杯突实验法》GB/T9753-1988 规定了评价涂膜在标准条件下逐渐变形

后其抗开裂或剥离性能的试验方法。该标准规定用杯突试验机对漆膜柔韧性进行测试，如图 3-11 所示。

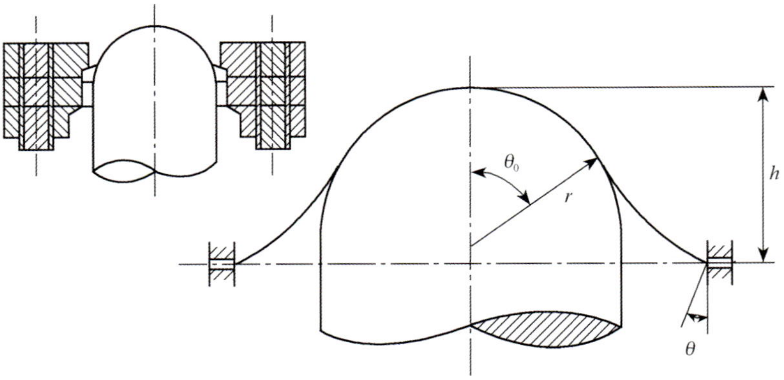

图 3-11　杯突实验示意图

测定时将试板牢固固定在固定环与冲模之间，涂膜面向冲模。冲头顶端与试板接触，其中心轴线与试板交点距各边相等。冲头半球顶端以（0.2 ± 0.1）mm/s 恒速推向试板，直至规定深度。以肉眼或 10 倍放大镜检查试板涂膜是否开裂或是剥离。作两次试验，两块试板结果一致为有效。若测定引起破坏的最小深度时，以涂膜出现开裂或剥离时冲头移动的最小深度为结果。

2.1.3　色差

CIE（International Commission on Illumination）是国际照明协会的简称，制定测量颜色的国际标准，对色值进行测定。CIE 制定了 L*，a* 和 b* 值来测量色值，这种测量方法称为 CIELAB。L* 代表着明度，从明亮（此时 L*=100）到黑暗（此时 L*=0）之间变化。A* 值表示颜色从绿色（-a*）到红色（+a*）之间变化，而 B* 值表示颜色从黄色（+b*）到蓝色（-b*）之间变化。使用该系统后，任意一种颜色都可在其图表上找到一个相对应的位置。色差，是指两种颜色的差异，即色调、饱和度和亮度这三者综合的差异，计算色差的公式为：

$$\Delta E_{ab} = [(\Delta L^*)^2 + (\Delta a^*)^2 + (\Delta b^*)^2]^{1/2}$$

为了保证修复剂不改变文物的古朴原貌，采用色差计对模拟样品修复前后的色差进行测试，如图 3-12 所示。

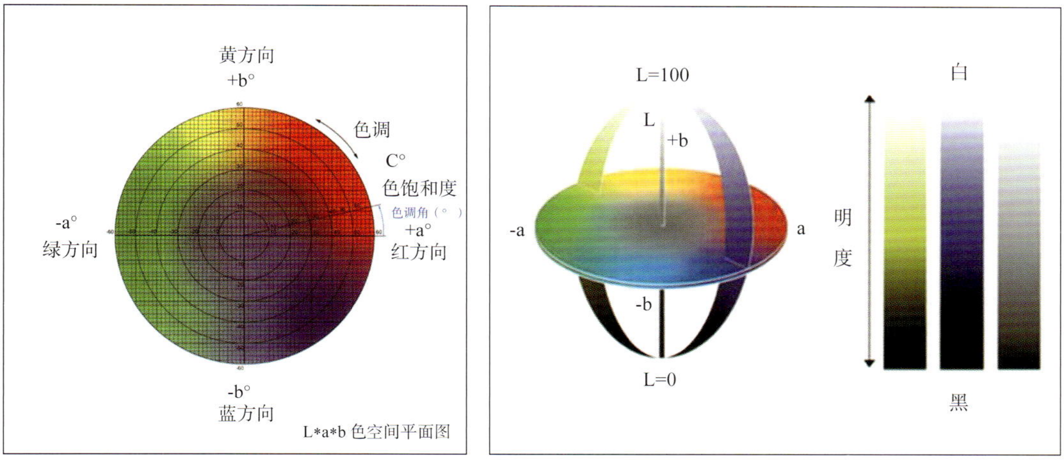

图 3-12　CIE 色空间坐标原理图

2.1.4　加速老化

加速老化的目的是求证回位修复所用材料和回位修复后彩绘层经受以后自然环境时效考验的能力。本项目设立了紫外光高能量氧化、臭氧加速氧化和高温高湿三种苛刻环境对加速老化前后颜料、胶料层的柔韧性、附着力色差进行测试，以求证其防止颜料龟裂、起甲、脱落的能力。

2.2　回贴修复材料筛选与研制

2.2.1　回位修复材料的筛选

配制质量浓度为 5% 的 ZB-F600 水性氟水溶液、质量浓度为 5% 的水溶性环氧树脂 B-63 水溶液、质量浓度为 5% 的聚乙烯醇水溶液、质量浓度为 5% 的聚醋酸乙烯水溶液、质量浓度为 5% 的 Paraloid B72 丙酮溶液。配制质量浓度为 5% 的骨胶水溶液 60g，等分为三组，取质量为 20g 的第一组骨胶水溶液与 20g 的朱砂混合均匀，将其等分为 5 份。第一份中加入 2g 的质量浓度为 5% 的 ZB-F600 水溶液；第二份中加入 2g 质量浓度为 5% 的水溶性环氧树脂 B-63 水溶液；在第三份中加入 2g 质量浓度为 5% 的聚乙烯醇水溶液；在第四份中加入 2g 质量浓度为 5% 的聚醋酸乙烯水溶液；在第五份中加入 2g 质量浓度为 5% 的 Paraloid B72 丙酮溶液。将每一份分别混匀后涂在标准样板上，自然干燥，制成样品。采用漆膜电动附着力试验仪测试样品的附着力，数显涂层杯突试验仪测试样品的柔韧性。

取 20g 的第二组骨胶水溶液与 20g 的石绿，混合均匀，将其等分为 5 份，样品制备方法、测试方法和测试仪器与第一组相同。

取 20g 的第三组骨胶水溶液与 20g 的雌黄，混合均匀，将其等分为 5 份，样品制备方法、测试方法和测试仪器与第一组相同。

对用 ZB-F600 水性氟、水溶性环氧树脂 B-63、聚乙烯醇、聚醋酸乙烯、Paraloid B72 分别与颜料、骨胶混合后制备的样品的附着力与柔韧性进行测试，结果见表 3-8。

表 3-8 不同材料制备的回贴修复剂的附着力与柔韧性统计表

修复材料	附着力			柔韧性（N）		
	朱砂	石绿	雌黄	朱砂	石绿	雌黄
ZB-F600 水性氟	1 级	1 级	1 级	634	489	891
环氧树脂 B-63	3 级	4 级	3 级	618	540	592
聚乙烯醇	3 级	4 级	5 级	366	244	603
聚醋酸乙烯	6 级	4 级	3 级	293	241	563
ParaloidB 72	4 级	3 级	4 级	241	292	203

注：附着力分为 1 ～ 7 级，1 级最好，7 级最差。

从表 3-8 可见，ZB-F600 回贴修复的朱砂、雌黄两种颜料的柔韧性均比其他几种回贴修复材料的大，水溶性环氧树脂 B-63 回贴修复样品的柔韧性在几种材料中最好，Paraloid B72、聚乙烯醇、聚醋酸乙烯回贴修复样品的柔韧性较小。ZB-F600 水性氟制备样品的附着力最好，水溶性环氧树脂 B-63 的柔韧性较好。附着力代表其与底材的粘接性能，柔韧性代表其抗变形、抗压性能，根据以上实验结果选择以 ZB-F600 水性氟为主，水溶性环氧树脂 B-63 为辅的陶质文物胶料彩绘回贴修复剂。

2.2.2 回贴修复材料性能

水性氟涂料是聚三氟氯乙烯与乙烯基醚的共聚物，由于氟是元素周期表中电负性最大的元素，因此聚合物中氟原子上负电荷比较集中，电负性大，电子云密布，相邻氟原子的相互排斥使氟原子不在同一平面内，主链中 C—C—C 键角变小，沿碳链呈螺旋分布，又由于氟原子的共价半径非常小，这就使得聚合物的主链受到严重的屏蔽而免受外界因素（如紫外光、化学药品等）的直接作用；含氟聚合物中 F-C 键的键长小、键能很大；氟原子极化率低，分布比较对称，整个分子是非极性的。所以，这些结构上的特点使得含氟聚合物具有很多特殊的性能。

氟材料有很低的表面自由能，使其表面很难被润湿，具有憎水憎油的特点，防污染能力强；由于 F-C 键的键长小、键能大，因此氟涂料具有优良的耐久性和耐候性，且物理性能优良，熔点低、加工性能好、涂层质量好，能提供长久的保护和装饰；突出的耐盐雾性，国外文献已有报道，如日本的旭硝子公司生产的室温干燥型含氟面漆耐盐雾实验可达 3000h 内漆膜不起泡、不脱落。而我国某研究所研制的含氟涂料产品经国家涂料检测中心测试，500h 内漆膜无任何变化；氟涂料还具有优异的耐沾污性，由于其分子内部结构致密，所以具有非凡的耐沾污性、斥水、斥油等特殊的表面性能，可以起到很好的防污作用。

氟原子结构上的特点决定了水性氟乳液具有许多特殊的性能：有卓越的耐候性、耐腐蚀性、防霉性能、防水性能、耐碱耐酸、无毒无味性能等优点，近年来在文物和档案保护领域使用较为广泛。

水性环氧分子由亲水的羟基（—OH）极性基团和疏水的烷基基团两部分组成。因此，它具有双亲性；同时分子的结构中具有羟基（—OH），醚键（—O—）和活性极大的环氧基，它们使环氧树脂的分子和相邻界面产生氢键作用或化学键。因此，水性环氧有极好的渗透性；水性环氧分子中的环氧基又能在固化剂作用下发生交联聚合反应生成网状结构的大分子。因此水性环氧树脂具有良好的柔韧性；分子结构中含有大量的羟基，它们的氢键缔合作用使分子排列紧密，因此环氧树脂的固化收缩率低，其稳定性好、机械强度高，固化后的吸水率低；水性环氧树脂可在室温和潮湿的环境中固化，有合理的固化时间，并保证有很高的交联密度。

2.3 模拟样品加速老化系统评价

2.3.1 样品制备

制备空白试板：熬制质量浓度为 5% 的骨胶水溶液 30g，与 30g 的朱砂混合均匀涂刷在标准试板上，自然干燥，制成空白试板。石绿、雌黄颜料的空白试板制备方法与朱砂颜料的空白试板制备方法相同。

制备水性氟试板：熬制质量浓度为5%的骨胶水溶液30g，与30g的朱砂混合均匀，加入15g的质量浓度为5%的ZB-F600水性氟水溶液，混合均匀，涂刷在标准试板上，自然干燥，制成水性氟试板。石绿、雌黄颜料的水性氟试板制备方法与朱砂颜料的水性氟试板制备方法相同。

制备样品试板：熬制质量浓度为5%的骨胶水溶液30g，与30g的朱砂混合均匀，加入15g的质量浓度为5%的ZB-F600和水溶性环氧树脂B-63，混合均匀，涂刷在标准试板上，自然干燥，制成样品试板。石绿、雌黄颜料的样品试板制备方法与朱砂颜料的样品试板制备方法相同。

2.3.2　老化试验

将所制备的空白试板和样品试板分成三组，第一组置于功率为25W、高度为20cm的紫外灯下进行老化试验；第二组置于温度为50℃、相对湿度为90RH%的湿热老化箱进行老化试验；第三组置于臭氧浓度为800ppm、温度为25℃的臭氧老化箱进行老化试验，每组老化试验30天。

采用数显涂层杯突试验仪测试各样品老化前后的柔韧性，采用漆膜电动附着力试验仪测试各样品老化前后的附着力，采用色差计测试老化前后的色差。

1. 紫外老化结果

从表3-9可见，朱砂、石绿、雌黄三种颜料样品试板的柔韧性、附着力均比水性氟试板及空白试板的要好，经过紫外老化后其柔韧性、附着力降低较小，表明水性氟与水溶性环氧能显著提高文物彩绘的柔韧性、附着力，并能耐紫外老化。

表3-9　样品紫外老化前后性能测试结果

		朱砂			石绿			雌黄		
		空白试板	水性氟试板	样品试板	空白试板	水性氟试板	样品试板	空白试板	水性氟试板	样品试板
柔韧性	老化前	349	629	887	207	624	823	458	477	782
（N）	老化后	285	611	859	195	502	753	276	465	641
附着力	老化前	7级	1级	1级	7级	2级	1级	7级	1级	1级
	老化后	7级	2级	1级	7级	3级	1级	7级	2级	1级
色差			3.28	1.26		4.38	0.64		3.35	1.38

2. 臭氧老化结果

从表 3-10 可见，朱砂、石绿、雌黄三种颜料样品试板的柔韧性、附着力均比水性氟试板及空白试板的要好，经过臭氧老化后其柔韧性、附着力降低较小，表明水性氟与水溶性环氧能显著提高文物彩绘的柔韧性、附着力，并能耐臭氧老化。

表 3-10　样品臭氧老化前后性能测试结果

		朱砂			石绿			雌黄		
		空白试板	水性氟试板	样品试板	空白试板	水性氟试板	样品试板	空白试板	水性氟试板	样品试板
柔韧性	老化前	349	629	887	207	624	823	458	477	782
（N）	老化后	314	486	722	198	612	801	329	359	654
附着力	老化前	7 级	1 级	1 级	7 级	2 级	1 级	7 级	1 级	1 级
	老化后	7 级	1 级	1 级	7 级	3 级	1 级	7 级	1 级	1 级
色差			3.02	1.19		5.58	0.62		3.48	1.20

3. 湿热老化结果

从表 3-11 可见，朱砂、石绿、雌黄三种颜料样品试板的柔韧性、附着力均比水性氟试板及空白试板的要好，经过湿热老化后其柔韧性、附着力降低较少，表明水性氟与水溶性环氧能显著提高文物彩绘的柔韧性、附着力，并能耐高温高湿老化。

表 3-11　样品湿热老化前后性能测试结果

		朱砂			石绿			雌黄		
		空白试板	水性氟试板	样品试板	空白试板	水性氟试板	样品试板	空白试板	水性氟试板	样品试板
柔韧性	老化前	349	629	887	207	624	823	458	477	782
（N）	老化后	296	605	871	189	512	785	309	452	659
附着力	老化前	7 级	1 级	1 级	7 级	2 级	1 级	7 级	1 级	1 级
	老化后	7 级	2 级	1 级	7 级	4 级	1 级	7 级	2 级	1 级
色差			2.95	1.41		3.12	1.05		3.26	0.25

通过上述实验，我们筛选出 ZB-F600 水性氟和水溶性环氧树脂 B-63 作为回贴修复剂。

2.4 回贴修复工艺

将需修复部位放平（防止试剂流淌），使用注射器将回贴修复剂沿起甲缝隙小心注入，注入量根据起甲面积而定，然后迅速用干净、平整的塑料薄膜按压在修复部分，10～20秒后小心揭开薄膜，用干净棉纸吸取多余回贴修复剂。

第三节 整体回位修复效果与自然环境时效考验

3.1 龟裂、起翘彩绘层的无缝修复示例展示（图3-13～图3-16）

1．回贴修复前

2．回贴修复后（2004年5月回贴，2005年9月拍摄）

3．2010年9月跟踪观察时拍摄

图3-13 步兵俑1局部起甲、脱落回贴修复效果

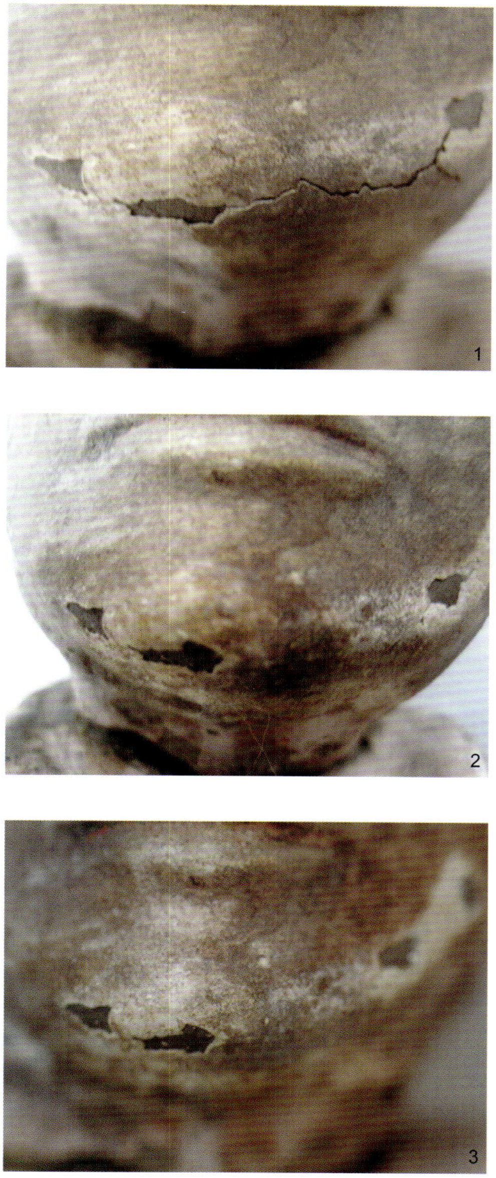

1．回贴修复前

2．回贴修复后（2004 年 5 月回贴，2005 年 9 月拍摄）

3．2010 年 9 月跟踪观察时拍摄

图 3-14　步兵俑 2 局部起甲、脱落回贴修复效果

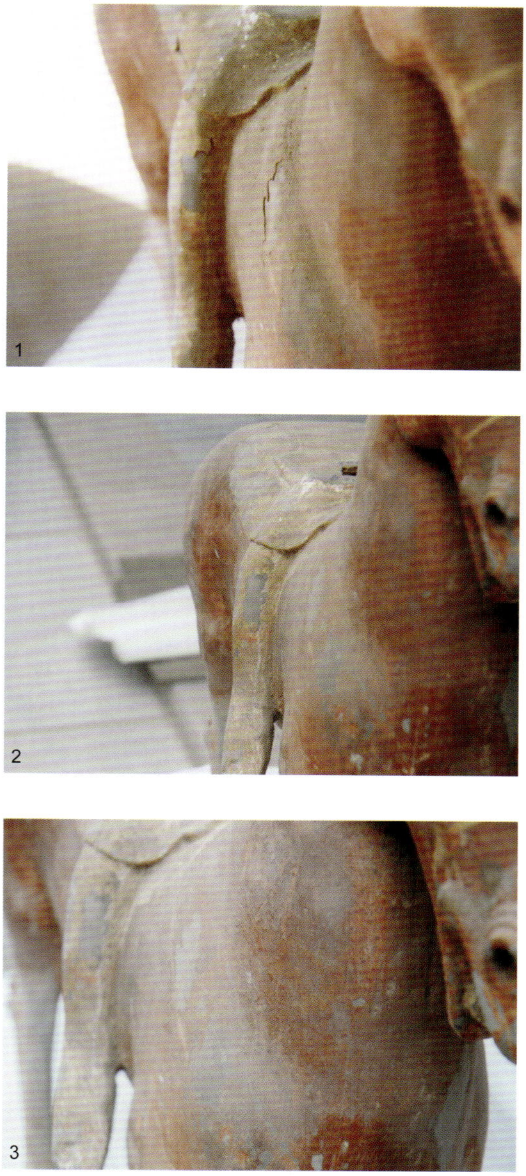

1．回贴修复前

2．回贴修复后（2004 年 5 月回贴，2005 年 9 月拍摄）

3．2010 年 9 月跟踪观察时拍摄

图 3-15　马俑 1 局部起甲、脱落回贴修复效果

1．回贴修复前

2．回贴修复后（2004 年 5 月回贴，2005 年 9 月拍摄）

3．2010 年 9 月跟踪观察时拍摄

图 3-16　马俑 2 局部起甲、脱落回贴修复效果

3.2　对局部脱落的陶俑、陶马进行回位修复（图 3-17～图 3-23）

1．回贴修复前

2．回贴修复后（2004 年 5 月回贴，2005 年 9 月拍摄）

3．2010 年 9 月跟踪观察时拍摄

图 3-17　步兵俑 1 起甲、脱落回贴修复效果

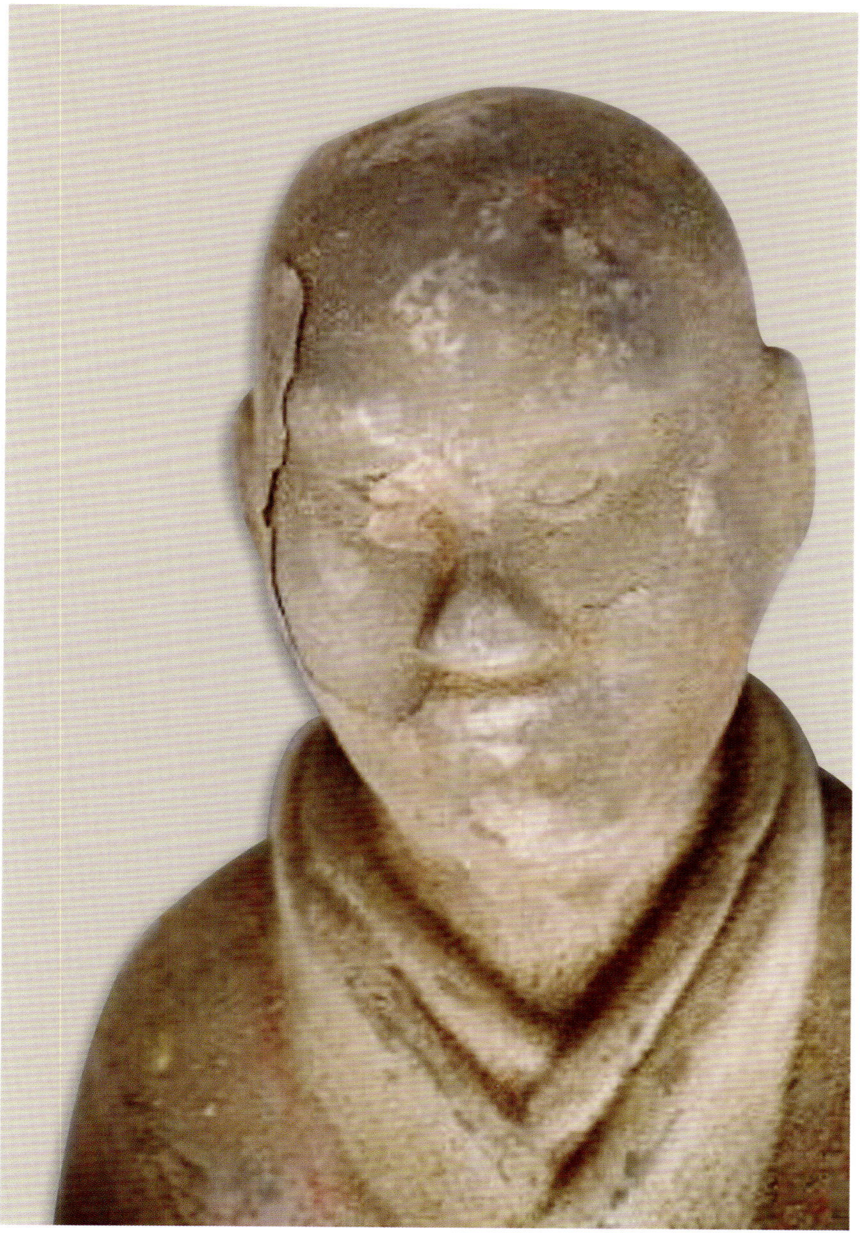

1. 回贴修复前

2．回贴修复后（2004 年 5 月回贴，2005 年 9 月拍摄）

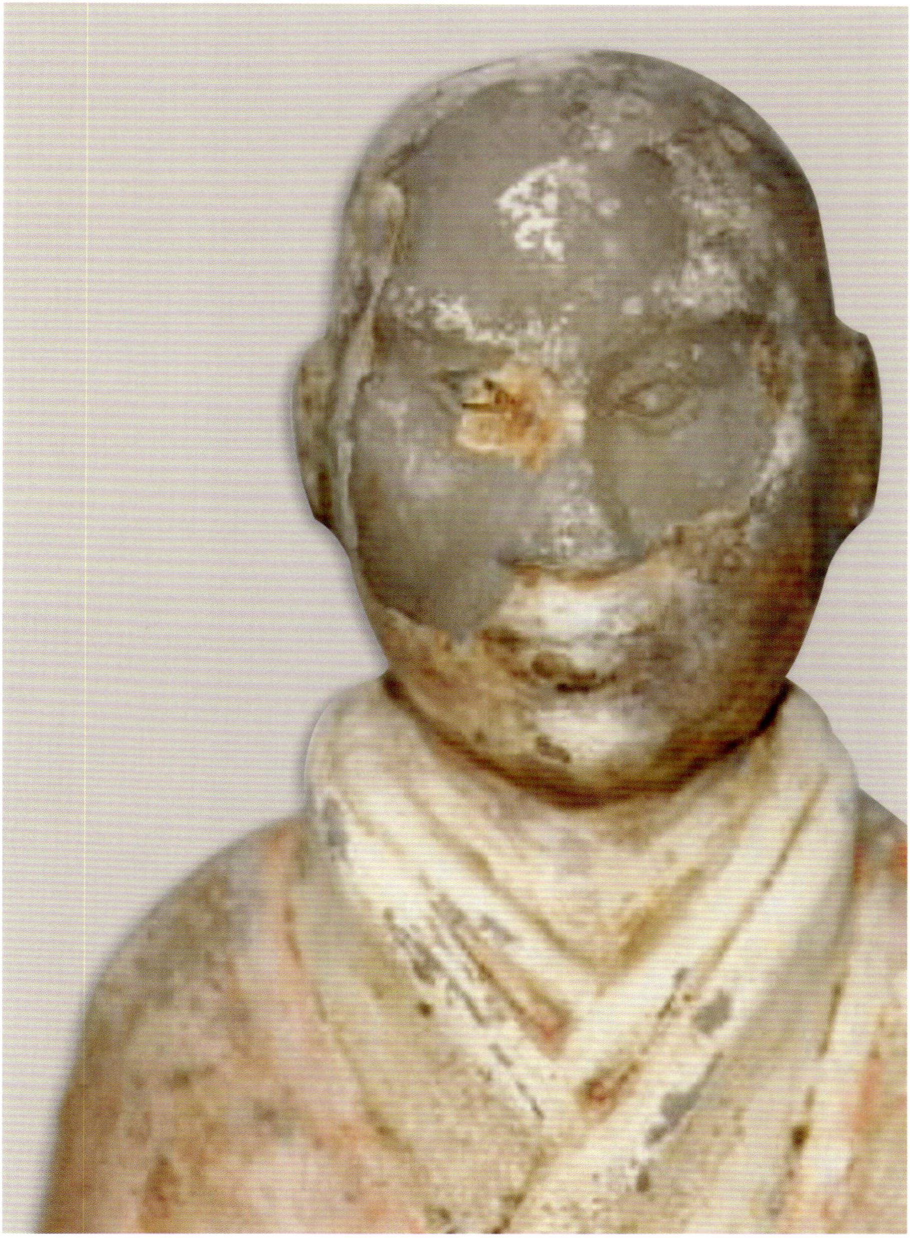

3．2010 年 9 月跟踪观察时拍摄

图 3-18　步兵俑 2 起甲、脱落回贴修复效果

1．回贴修复前

2．回贴修复后（2004 年 5 月回贴，2005 年 9 月拍摄）

3．2010 年 9 月跟踪观察时拍摄

图 3-19　步兵俑 3 起甲、脱落回贴修复效果

1．回贴修复前

2．回贴修复后（2004 年 5 月回贴，2005 年 9 月拍摄）

3．2010 年 9 月跟踪观察时拍摄

图 3-20　步兵俑 4 起甲、脱落回贴修复效果

1．回贴修复前

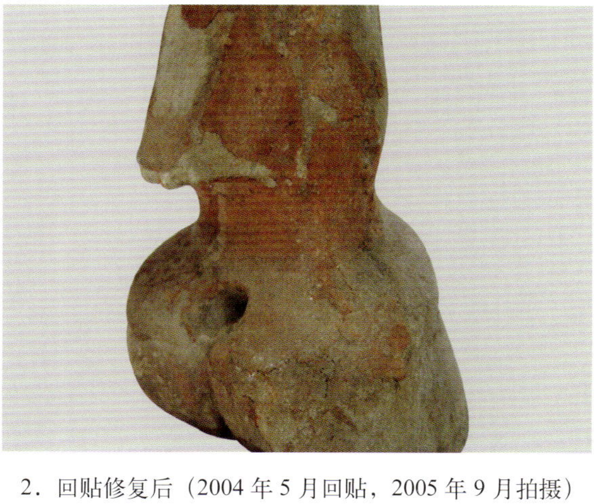

2．回贴修复后（2004 年 5 月回贴，2005 年 9 月拍摄）

图 3-21　陶马 1 起甲、脱落回贴修复效果

1．回贴修复前

2．回贴修复后（2004 年 5 月回贴，2005 年 9 月拍摄）

3．2010 年 9 月跟踪观察时拍摄

图 3-22　陶马 2 起甲、脱落回贴修复效果

1．回贴修复前

2．回贴修复后（2004 年 5 月回贴，2005 年 9 月拍摄）

3．2010 年 9 月跟踪观察时拍摄

图 3-23　陶马 3 起甲、脱落回贴修复效果

第四章　酥粉彩绘层回位修复关键技术研究

第一节　陶质彩绘层酥粉成因研究

陶质彩绘酥粉病害较为普遍，近年来日趋严重。该批西汉彩绘兵马俑酥粉的部位多发在战马的腿部、足蹄以及兵马俑的足腿部位，颜色以红色、白色居多。由此推测，彩绘兵马俑的足、腿、蹄部位在出土前长期接触墓基地面富盐区，渗入可渗性盐分。出土后，可渗性盐在春末、夏季、秋季等高温季节溶解，在冬季、初春等干燥季节结晶析出，如此反复，从而导致彩绘层发生酥粉。咸阳地区近年来夏季最高温度可达41℃，相对湿度接近90%；冬季最低温度达 −9℃，相对湿度仅有23%。咸阳博物馆位于渭河之滨、咸阳湖畔。高温高湿季节其温度与湿度会更高。与低湿干燥季节的温湿度差距更大。这一特殊的环境变化更加剧了酥粉现象的发生。图4-1及图4-2所示为酥粉彩绘层的扫描电镜能谱分析。

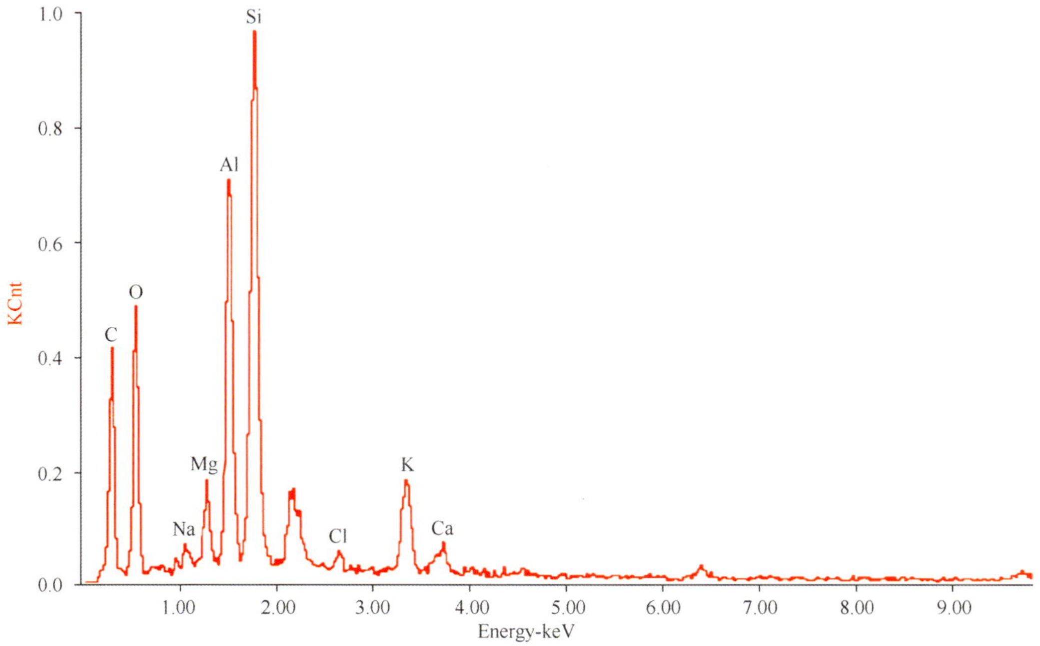

图4-1　酥粉颜料能谱图

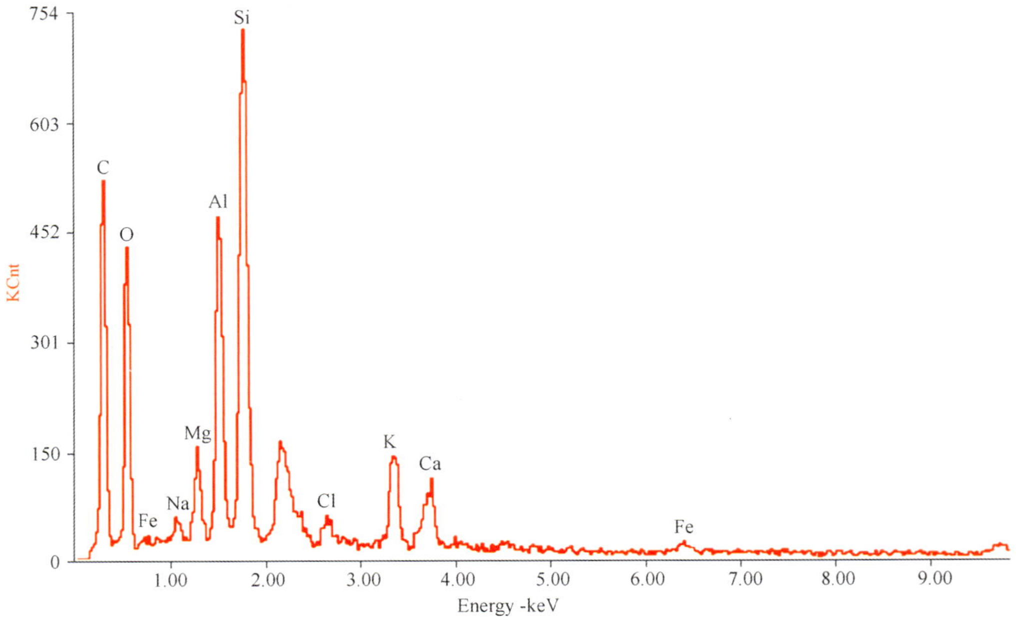

图 4-2 酥粉颜料能谱图

第二节 酥粉彩绘层回位修复技术研究

2.1 酥粉彩绘层回位修复系统评价体系的建立

陶质颜料彩绘酥粉的宏观结果是无机矿物颜料成为粉末。酥粉颜料层回位修复的过程为用回位修复剂直接将承载有原始历史信息的粉末状彩绘层附着于陶质之上。按照不同的需求，建立系统的评价体系。

2.1.1 附着力

彩绘层酥粉的直接表现为附着力降低，提高附着力是回位修复的唯一要素。

2.1.2 加速老化

加速老化的目的是评价回位修复后经受自然环境时效考验的能力。本项目设立了紫外高能量氧化、干热老化和高温高湿三种苛刻环境，对加速老化前后颜料、胶料的附着力进行测试，评价其防治酥粉的能力。

2.2 回位修复材料筛选与加速老化系统评价

2.2.1 附着力测试对比

分别配制质量浓度为10%的ZB-F600水性氟水溶液、聚醋酸乙烯水溶液、骨胶水溶液。将朱砂、石绿颜料分别与10%水性氟、聚醋酸乙烯、骨胶溶液按照5∶1的质量比混合均匀，涂在附着力标准试板上，自然干燥。

对用水性氟、聚醋酸乙烯、骨胶溶液分别制备的朱砂颜料样品进行附着力测试，结果见表4-1，可以看出，水性氟制备的朱砂、石绿颜料样品，附着力较聚醋酸乙烯和骨胶样品要好。

表4-1 不同材料制备的颜料样品附着力等级

	朱砂颜料	石绿颜料
水性氟制备样	2	1
聚醋酸乙烯乳液制备样	3	2
骨胶制备样	4	4

从表4-1可以看出，水性氟制备样品附着力明显优于聚醋酸乙烯与骨胶制备的样品，因此选择水性氟作为酥粉彩绘的回位修复材料。

2.2.2 加速老化系统评价测试

1. 紫外老化

对用水性氟、聚醋酸乙烯、骨胶制备的样品进行紫外老化，对老化后样品的附着力进行测试，结果见表4-2。

表4-2 样品紫外老化后附着力等级结果

	朱砂	石绿
水性氟制备样	2	2
聚醋酸乙烯乳液制备样	4	3
骨胶制备样	5	5

从表 4-2 可以看出，经过紫外老化后，水性氟制备样品附着力明显优于聚醋酸乙烯与骨胶制备的样品，说明其耐紫外老化性能较好。

2. 高温高湿老化

对用水性氟、聚醋酸乙烯、骨胶制备的样品进行湿热老化，对老化后附着力进行测试，结果见表 4-3。

表 4-3 样品湿热老化后附着力等级结果

	朱砂	石绿
水性氟制备样	2	2
聚醋酸乙烯乳液制备样	5	3
骨胶制备样	6	6

从表 4-3 可以看出，经过湿热老化后，水性氟制备样品附着力明显优于聚醋酸乙烯与骨胶制备的样品，说明其耐高温高湿性能较好。

3. 干热老化

对用水性氟、聚醋酸乙烯、骨胶制备的样品进行干热老化，对老化后附着力进行测试，结果见表 4-4。

表 4-4 样品干热老化后附着力等级结果

	朱砂	石绿
水性氟制备样	2	2
聚醋酸乙烯乳液制备样	4	4
骨胶制备样	6	5

从表 4-4 可以看出，经过干热老化后，水性氟制备样品附着力明显优于聚醋酸乙烯与骨胶制备的样品，说明其耐干热老化能较好。

2.3 回位修复工艺

对于酥粉彩绘颜料，将需修复部位放平（防止试剂流淌），用注射器将加固剂直接滴加在需修复部位，迅速用干净、平整的塑料薄膜按压在修复部分，10～20 秒后小心揭开薄膜，用干净棉纸吸取多余回贴修复剂。

第三节　整体回位修复工程应用于自然环境时效考验跟踪观察

酥粉彩绘的回位修复效果如图 4-3～图 4-16 所示。

1．回贴修复前

2．回贴修复后（2004 年 5 月回贴，2005 年 9 月拍摄）

3．2010 年 9 月跟踪观察时拍摄

图 4-3　陶马 1 酥粉彩绘加固修复效果

1．修复前

2．修复后（2004 年 5 月回贴，2005 年 9 月拍摄）

图 4-4　陶马 2 酥粉彩绘加固修复效果

1．修复前

2．修复后（2004年5月回贴，2005年9月拍摄）

图 4-5　陶马3酥粉彩绘加固修复效果

1．修复前

2．修复后（2004年5月回贴，2005年9月拍摄）

图 4-6　陶马4酥粉彩绘加固修复效果

1．修复前

2．修复后（2004年5月回贴，2005年9月拍摄）

图 4-7　陶马5酥粉彩绘加固修复效果

1．修复前　　2．修复后（2004 年 5 月回贴，2005 年 9 月拍摄）

图 4-8　陶马 6 酥粉彩绘加固修复效果

1．修复前　　2．修复后

图 4-9　陶马 7 酥粉彩绘加固修复效果

1．修复前　　2．修复后

图 4-10　陶马 8 酥粉彩绘加固修复效果

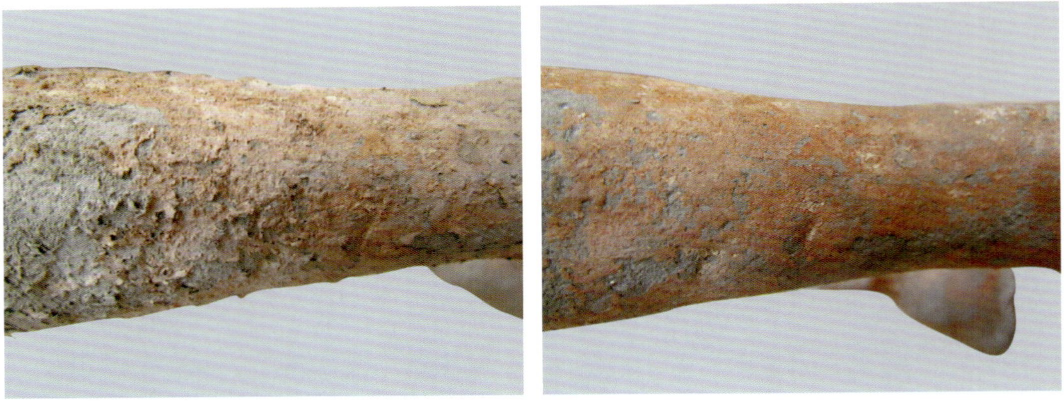

1．修复前　　2．修复后

图 4-11　陶马 9 酥粉彩绘加固修复效果

1．修复前　　2．修复后

图 4-12　陶马 10 酥粉彩绘加固修复效果

1．修复前　　2．修复后

图 4-13　陶马 11 酥粉彩绘加固修复效果

1．修复前

2．修复后

图 4-14　陶马 12 酥粉彩绘加固修复效果

1．修复前

2．修复后

图 4-15　陶马 13 酥粉彩绘加固修复效果

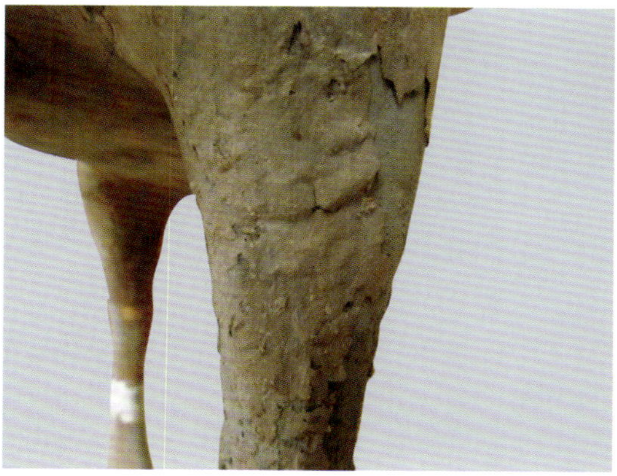

1．修复前

2．修复后

图 4-16　陶马 14 酥粉彩绘加固修复效果

第五章　断裂、破碎的陶俑、陶马兼容性粘接修复研究

第一节　断裂、破碎成因调研

20 世纪 70 年代初，修复人员曾采用环氧树脂胶加固剂对出土时已断裂的兵马俑进行过修复。四十多年以来，大部分陶俑、陶马肢体断裂，未断裂的也岌岌可危，随时可能发生断裂。工作人员无奈使用铁架对其支撑，陈列展出。本项目对断裂的成因进行了研究分析，得出主要原因有以下三点：

一是加有固化剂的有机环氧树脂胶与断裂陶面的兼容性差，未渗入陶体断面之中；

二是固化的环氧树脂胶老化，变脆；

三是粘接修复工艺粗糙。

第二节　兼容性陶器修复技术研究

2.1　兼容性修复材料的筛选与配制

陶器胎质为无机材料，陶器粘接修复剂中应含有与其相同的无机材料，才能使断裂面粘接后兼容性稳定，避免胶结剂因渗透性能差而导致结皮，进而重新断裂。

本项目将断裂陶体的残渣或钻孔粉末用专用粉碎机粉碎成 1000 目以上的粉体。在建材、陶瓷等无机材料粘接剂中筛选一种既能与该粉末充分混合兼容，又能与断裂套面兼容粘接的粘接剂。粘接剂中混合有陶体残渍或钻孔粉末，兼具陶胎性状，可使断裂破碎的陶器肢体与粘接剂形成物质组成协调统一的整体。

无机材料常用粘接胶、云石胶、石材干粘胶、AB 胶、白乳胶、环氧树脂胶。经研究表明，在上述胶料中，既能与颜料粉末混合兼容，又能与陶体断裂面粘接的胶粘剂为云石胶。将该胶粘剂与粉碎的陶体残渣粉末充分混合，形成专用的胶粘剂。

2.2 粘接修复工艺

在断裂面中心用小型手动钻钻一直径为 0.6cm、深为 5cm 的小孔，填充长度 10cm 的竹签，用专用胶粘剂填充其中的空隙，实施粘接，如图 5-1 及图 5-2 所示。

为了保护陶俑、陶马上附着的彩绘在修复过程中不致受损，也为了便于修复操作，本项目为陶俑、陶马专门设计的固定工具须先将断裂、破碎的陶俑、陶马固定于其上，再实施操作。

对于彩绘层发生风化褪色、龟裂、起甲、脱落、酥粉的兵马俑，先进行显现加固与回位修复、固定，再在彩绘层进行粘接修复。

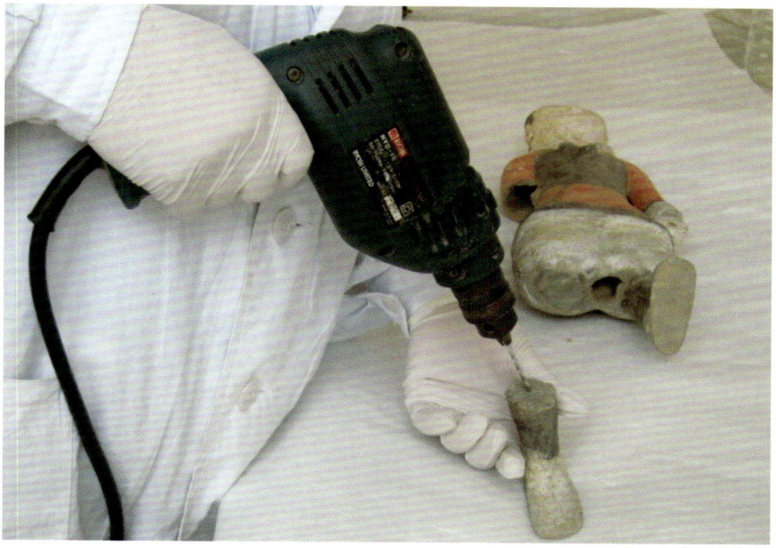

图 5-1　断口处用钻头钻孔

图 5-2　接口处插入竹签

第三节　断裂、破碎陶俑、陶马兼容性粘接修复整体实施

肢体断裂的兵马俑修复并显现加固效果选登，如图 5-3～图 5-35 所示。

1．修复前

3．2012 年 4 月跟踪观察时拍摄

2．修复并显现加固后（2004 年
4 月修复，2006 年 9 月拍摄）

图 5-3　陶马 1 修复并显现加固效果

1．修复前

2．修复并显现加固后（2004 年
4 月修复，2006 年 9 月拍摄）

3．2012 年 4 月跟踪观察时拍摄

图 5-4　陶马 2 修复并显现加固效果

1．修复前

2．修复并显现加固后（2004 年 4 月修复，2006 年 9 月拍摄）

3．2012 年 4 月跟踪观察时拍摄

图 5-5　陶马 3 修复并显现加固效果

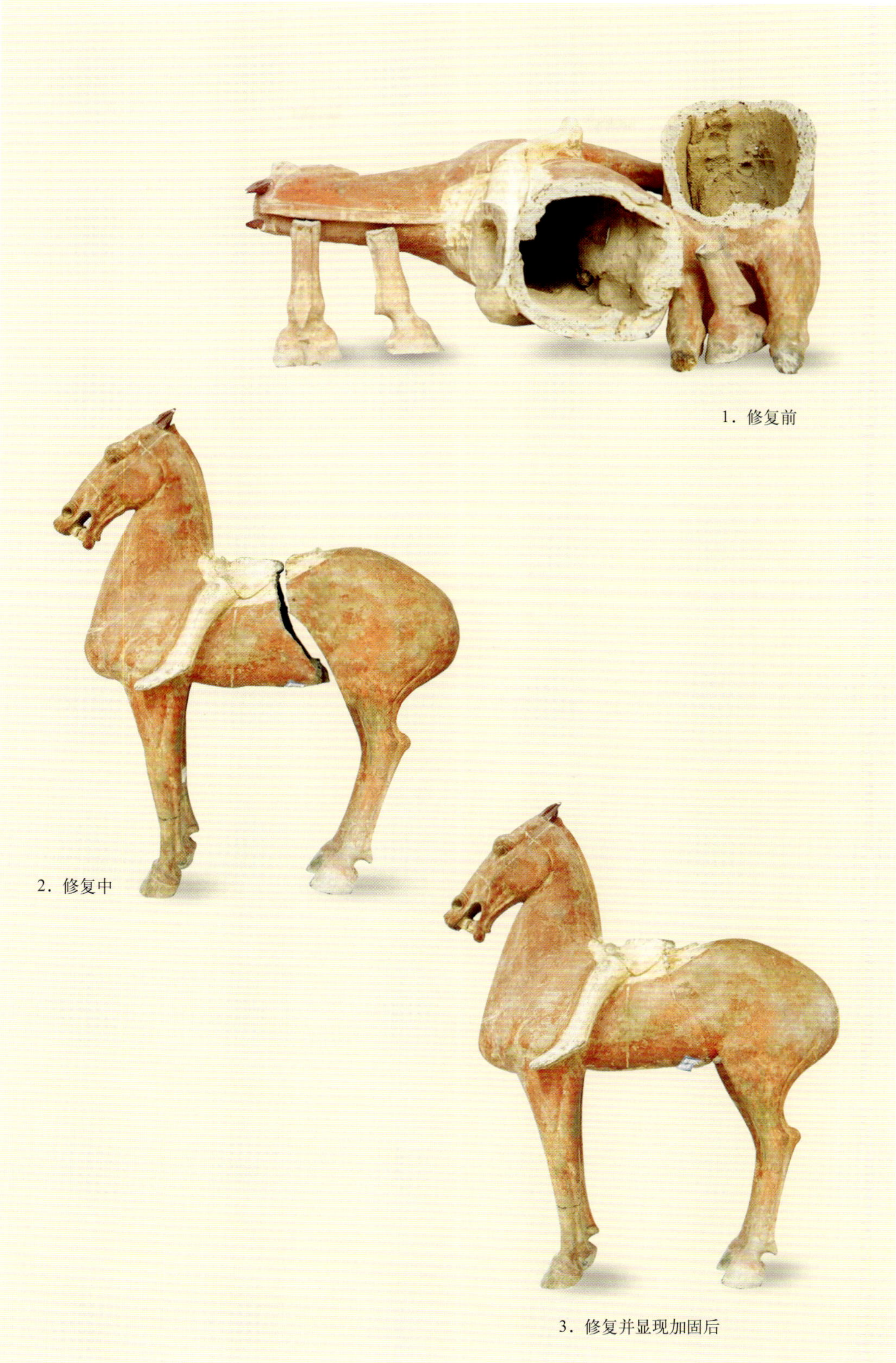

图 5-6 陶马 4 修复并显现加固效果

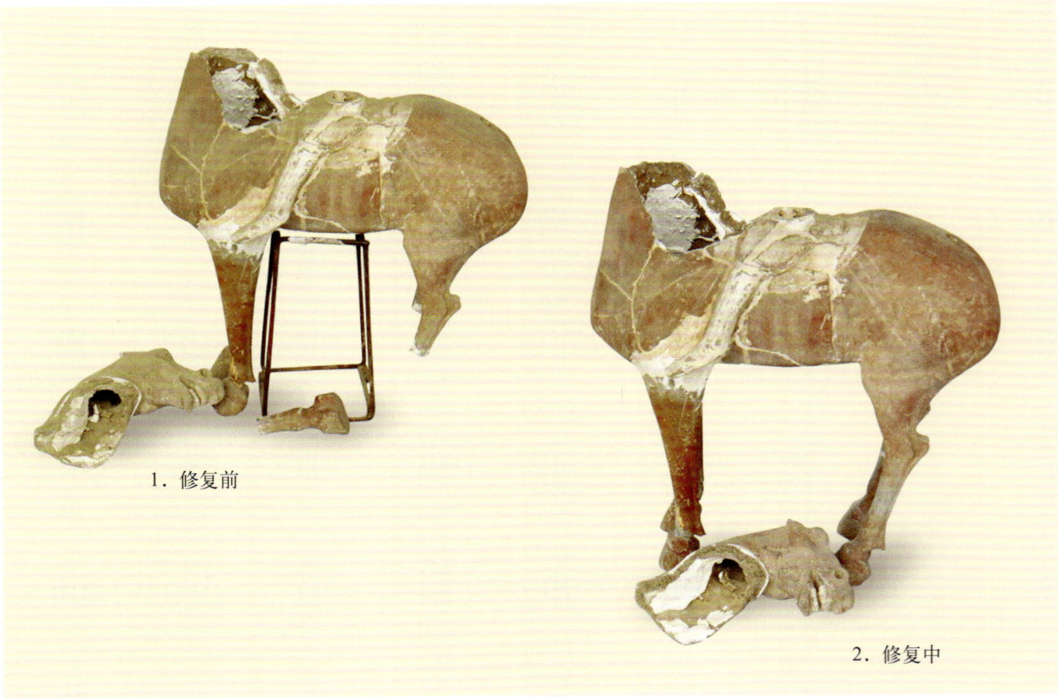

图 5-7　陶马 5 修复并显现加固效果

图 5-8　陶马 6 修复并显现加固效果

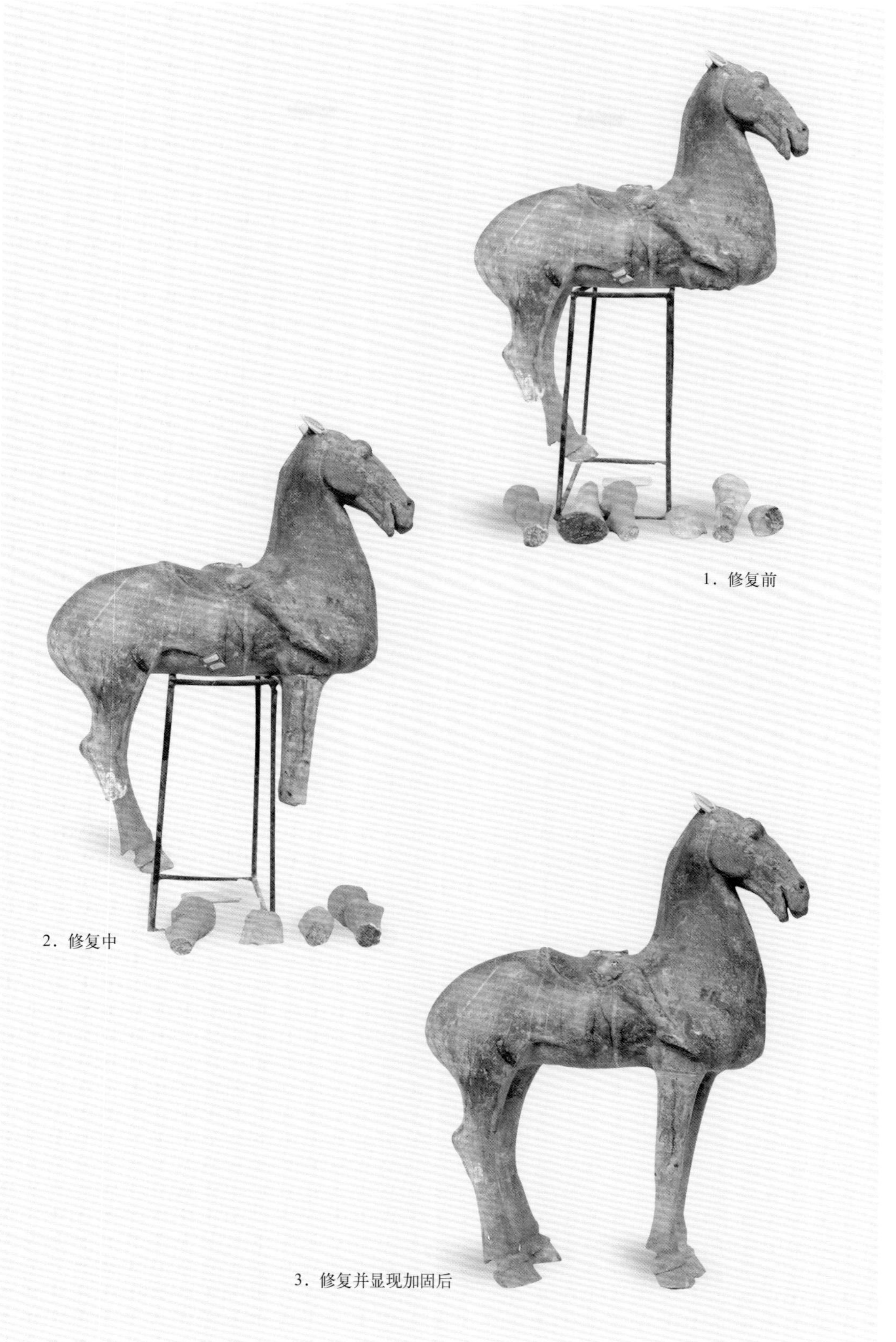

图 5-9　陶马 7 修复并显现加固效果

1. 修复前

2. 修复并显现加固后

图 5-10　陶马 8 修复并显现加固效果

1. 修复前

2. 修复并显现加固后

图 5-11 陶马 9 修复并显现加固效果

1. 修复前

2. 修复并显现加固后

图 5-12　陶马 10 修复并显现加固效果

1. 修复前

2. 修复并显现加固后

图 5-13　陶马 11 修复并显现加固效果

1．修复前

2．修复并显现加固后

图 5-14　陶马 12 修复并显现加固效果

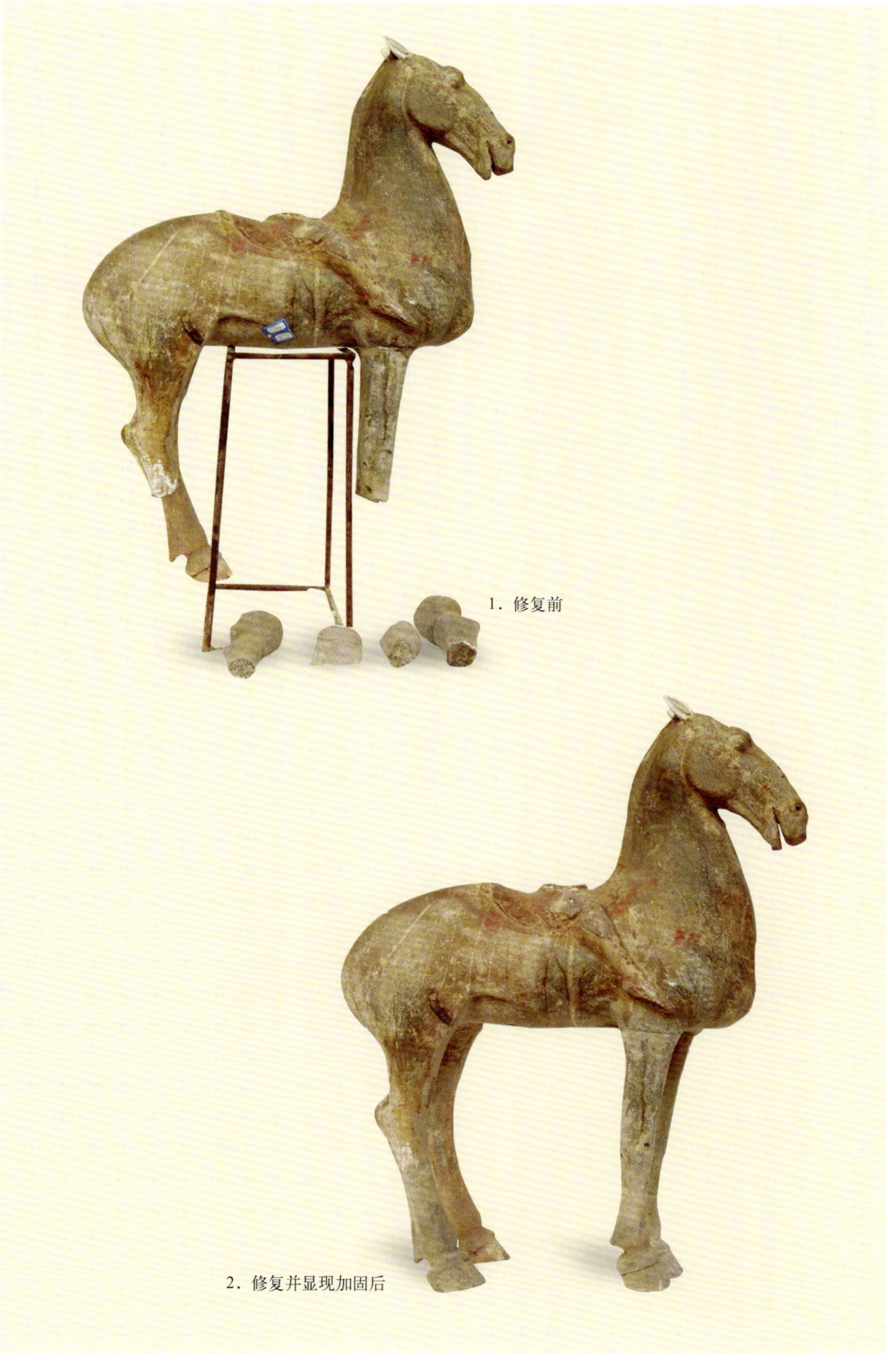

1. 修复前

2. 修复并显现加固后

图 5-15　陶马 13 修复并显现加固效果

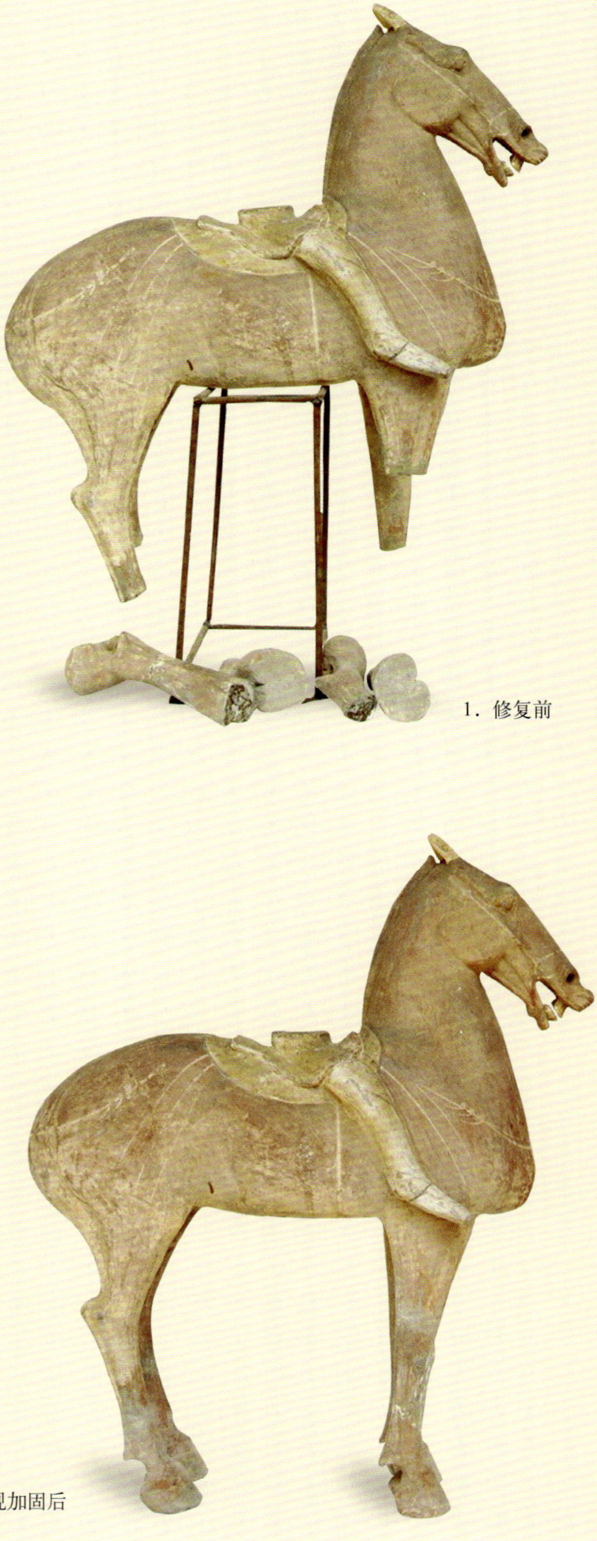

1．修复前

2．修复并显现加固后

图 5-16　陶马 14 修复并显现加固效果

1. 修复前

2. 修复并显现加固后

图 5-17　陶马 15 修复并显现加固效果

1．修复前

2．修复并显现加固后

图 5-18　陶马 16 修复并显现加固效果

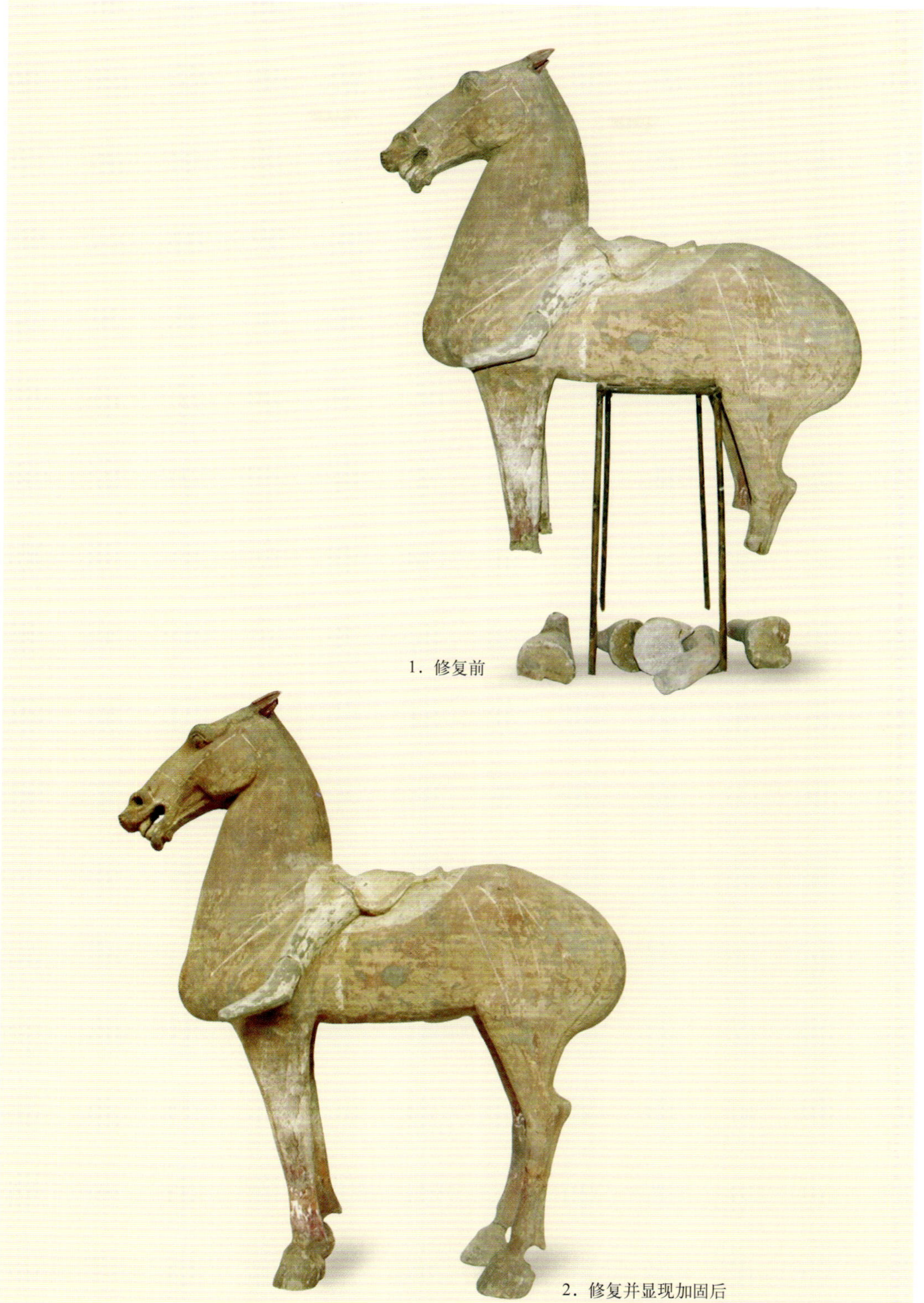

1．修复前

2．修复并显现加固后

图 5-19 陶马 17 修复并显现加固效果

1. 修复前

2. 修复并显现加固后

图 5-20　陶马 18 修复并显现加固效果

1．修复前

2．修复并显现加固后

图 5-21 陶马 19 修复并显现加固效果

1．修复前

2．修复并显现加固后

图 5-22　陶马 20 修复并显现加固效果

1．修复前

2．修复并显现加固后

图 5-23　陶马 21 修复并显现加固效果

1. 修复前

2. 修复并显现加固后

图 5-24　陶马 22 修复并显现加固效果

图 5-25 陶马 23 修复并显现加固效果

1．修复前

2．修复并显现加固后

图 5-26　陶马 24 修复并显现加固效果

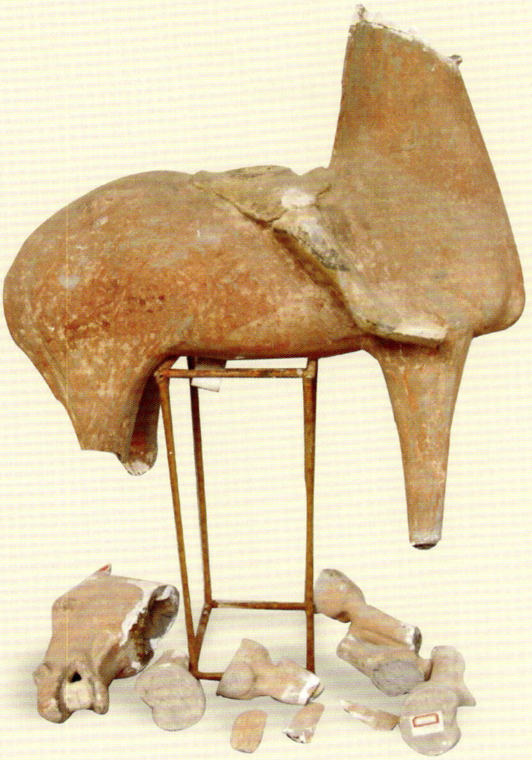

1．修复前

2．修复并显现加固后

图 5-27　陶马 25 修复并显现加固效果

1. 修复前

2. 修复并显现加固后

图 5-28　步兵俑 1 修复并显现加固效果

1. 修复前

2．修复并显现加固后

图 5-29　步兵俑 2 修复并显现加固效果

1. 修复前

2. 修复并显现加固后

图 5-30　步兵俑 3 修复并显现加固效果

1. 修复前

2．修复并显现加固后

图 5-31　步兵俑 4 修复并显现加固效果

1. 修复前

2．修复并显现加固后

图 5-32　步兵俑 5 修复并显现加固效果

1．修复前

2．修复并显现加固后

图 5-33　陶马整体修复效果

1. 修复前

2. 修复并显现加固后

图 5-34 盾牌 1 修复效果

1．修复前

2．修复并显现加固后

图 5-35　盾牌 2 修复效果

结 语

1996年9月，本项目显现加固了一例消失殆尽、无法辨认的盾牌和一例步兵俑发髻，清晰显现出了出土时的原貌，对这两例小面积显现加固的文物跟踪观察至今，十四年未发生变化，经历由相对表观稳定向相对内在稳定循序渐进的时效过程。在2004年该工程整体实施后，我们对显现加固和对起甲脱落回位修复的每一例文物跟踪观察至今，未发生变化。

本项目将继续跟踪观察记录，以再进行总结改进。与此同时，本项目还对每一例抢救修复的文物建立了完整的修复与跟踪观察档案。

对已经风化褪色的文物彩绘进行显现加固，起甲、脱落、酥粉的文物彩绘回位修复，是对正在或已经消失的古老文化信息的抢救，不得已而为之。

本项目正在研究设计在对文物本体基本不介入的条件下，使其稳定保持的技术方法。

进行此项考古的专家看了显现加固和回位修复后的兵马俑认为：基本再现了该批兵马俑出土时的原貌。抢救修复后的兵马俑现陈列于咸阳博物馆西汉彩绘兵马俑展厅，相当部分陈列于精品展柜。咸阳博物馆为此专门举办了文物保护科技成果展，抢救修复的部分文物多次赴欧美等海外展出。

注　释

[1] Rennel C, Rigdahl M. Enhancement of the Light-scattering Ability of Coatings by Using Hollow Pigments, Colloid Polyrn Sci, 1994, 272: 1111-1117.

[2] Nassau K. 颜色的物理与化学．李士杰，张志三译．北京：科学出版社，2001:21.

[3] Nassau K. 颜色的物理与化学．李士杰，张志三译．北京：科学出版社，2001:300.

[4] Stoecklein W. Plate-Like Pigments in Automotive Paints: A Review. Paint & Coatings Industry, 2002, 5(18).

[5] Lee H K, Joyce M K, Fleming P D. Influence of Pigment Particle Size and Packing Volume on Printability of Glossy Inkjet Paper Coatings. Journal of Imaging Science and Technology, 2005, 1(49):54-60.

[6] Rennel C, Rigdahl M. Enhancement of the Light-scattering Ability of Coatings by Using Hollow Pigments, Colloid Polyrn Sci. 1994, 272:1111-1117.

[7] Hinze K J. Antioxidant Composition for Stabilizing Polyols: America, US 05/552, 095. 1977.

[8] 化工部合成材料研究院．聚合物防老化实用手册．北京：化工出版社，1996: 153.

[9] 周大纲，谢鸽成．塑料老化与防老化技术．北京：中国轻工业出版社，1998.

[10] Chiu C F, Lee K C, Shiueh D B, et al. Phosphorus Containing Antioxidant Stabilized Against Hydrolysis: America, US 09/363, 284. 2002.

[11] Mackey D E, Weil C E. Nitrile Rubber Adhesives // Skeist I. Handbook of Adhesives. New York: Springer, 1990: 206-226.

[12] Schäfer A, Hocker H. Stabilizing Wool Textiles Against Light and Harmful Gases. Textilveredlung 2002, 37(1/2):11-16.

[13] Rueger R, Ambrosius K, Mathias M, et al. Interference Pigments: America, US 12/728, 790. 2010.

附 录

“西汉彩绘兵马俑抢救保护修复项目”保护工程验收专家名单及意见

验收会场

实地验收会场一瞥

“西汉彩绘兵马俑抢救保护修复项目”验收会议专家名单

姓　名	工作单位及职务	签　字
王丹华	国家文物局科技专家组组长、中国文化遗产研究院研究员	
袁仲一	秦始皇兵马俑博物馆名誉馆长、研究员	
黄克忠	中国文化遗产研究院研究员	
奚三彩	南京博物院研究员、浙江大学教授	
陈中行	湖北省博物馆研究员	
马家郁	四川省文物考古研究院研究员	
杜晓帆	联合国教科文组织北京办事处研究员	
周　铁	国家文物局彩绘文物保护基地主任、秦始皇兵马俑博物馆研究员	
马　涛	西安文物保护修复中心副主任、砖石质文物保护国家文物局重点科研基地主任、研究员	
杨军昌	陕西省考古研究院研究员	
罗　黎	陕西历史博物馆研究员	

西汉彩绘兵马俑抢救保护修复项目验收意见

2011年4月16日，受国家文物局委托，陕西省文物局邀请有关专家对咸阳博物馆“西汉彩绘兵马俑抢救保护修复工程”项目进行验收。经实地考察、听取汇报和讨论，验收意见如下：

一、项目组调研分析了西汉彩绘兵马俑风化褪色、肢体断裂、彩绘层脱落、酥粉等病害成因及机理，研制了风化褪色彩绘显现加固、粘结修复、起甲脱落、酥粉彩绘层等保护材料，经过15年的跟踪观察，保护效果良好。

二、该项目实施程序规范，技术路线合理，在文物彩绘抢救保护加固材料研发、修复工艺等方面有创新。

三、项目资料完整、规范。

项目符合国家文物局批复意见的要求，同意通过验收。

建议：

（1）对修复后的彩绘兵马俑继续进行跟踪观察。

（2）细化项目文本，报国家文物局批准后推广应用。

验收专家委员会主任：

2011年4月16日

推荐意见书

陕西历史文化遗产保护科学研究中心，关于《风化褪色的古代壁画、文物彩绘和建筑彩画的显现加固与修复》这一科研项目，经过长达15年的研究，获得重大突破。提出了彩绘图像风化褪色的机理，研制了显色、加固的材料。经过对秦咸阳宫壁画残片、汉代的彩绘陶俑、墓葬的陶瓶，唐至明清时的壁画、彩陶、彩绘石雕、木楼、建筑彩画等众多实物进行显现加固处理。使原来已模糊不清、消失殆尽的图像，恢复了其古朴清晰的原貌。经过9年来的跟踪观察，未发生变化。实践证明这是科学合理、效果显著的一项重大的科研成果。

我国各类古代壁画、文物彩绘、建筑彩画严重风化褪色，以致渐次消失殆尽，是个大量存在的普遍现象。这些彩绘图像都蕴涵着丰富多彩的大量古文化信息，是中华文明的载体，闪耀着博大精深的古老文明的光辉和中华民族的聪明才智；是研究中国古代人文学、社会学、美学以及自然科学等各学科最可靠的第一手原始资料。因而如何保护这些彩绘图像、使已风化褪色的图像恢复原貌，是长期困扰考古、文物界的一个最困难的问题。人们眼睁睁地看到许多古墓葬出土的一些彩绘图像，渐次风化褪色、模糊不清、消失殆尽，而感到心痛，因我们的束手无策而有一种历史的愧疚感。因而大家殷切地盼望这一老大难的彩绘图像的显现加固问题能早日解决，使彩绘图像所蕴涵的大量古文化信息能够长期保存，以供人们研究观赏，从中受到教育和心灵的启迪。

课题组该项重大科研成果的取得，是考古、文物保护科学上的一件大事，它对我国历史文化遗产的保护具有重要的作用，是项达到国际先进水平的重大科研成果。故我推荐该项目申报陕西科学技术一等奖。

秦始皇兵马俑博物馆名誉馆长、研究员

袁仲一 2005年7月23日

对保护彩绘文物科研成果的意见

《陕西历史文化遗产保护科学中心》、文物保护课题组的李玉虎等同志，对古代文物中那些风化褪色的古代壁画、文物彩绘、古籍彩画的再现、加固和修复等方面一系列重大疑难问题，作了攻关研究。经过长期的研究探索和反复实践，成功地提出了一套"复原如旧"的保护技术和方案。这是一项先进的有创新性的科研成果，有巨大的科学意义和实用价值，实在是我们文博考古界值得庆幸的一件大好事。

我国古代彩绘文物及其载体十分丰富，其所绘制的图形花纹、铭文是文化历史学术价值，是国宝之一。由于出土后或时间久远、或环境变迁，使其逐渐淡化、变色或消失之患，这就失去了它们的价值和功能。这也常常困扰我们文保工作中的一件难事，长期以来没有完全解决。所幸，李玉虎同志的研究集体，经过十余年的艰苦探索研究，颇费功夫(?)，终于攻下了这个难题，提出了一系列保护这种文物的显现、加固剂，并经十年来的实践观察和监控，仍能保存原貌原色而不变，解决和长期地保存它的原样。

这个成果来之不易，课题组对这个问题，作了大量的调研和实验工作，选取有代表性的秦兵俑、汉、隋、唐以及明代八大类型的文化载体二百余种文物标本作了测试观察，根据不同文化载体的类型、特点和性质，观察其致病之由和问题所在，以制造出相应的粘剂和加固剂，以适应不同载体的需要。方法是科学的，科学的工作是严肃而有序的，成果是显著而巨大的。这是文物保护工程中一项技术突破，是先进的科研成果，应予鉴定。我建议这项成果应推广使用，彩绘文物科研组以奖励，以昭著功绩，而励来兹。

陕西省考古研究所 研究员

石兴邦

2005.7.25.

成果登记	登 记 号	
	批准日期	

科学技术成果鉴定证书

文物 鉴字 [2003] 第 01 号

成 果 名 称：风化褪色的古代壁画、文物彩绘、建筑彩画的恢复与保护

完 成 单 位：陕西省档案保护科学研究所

陕西师范大学

鉴 定 形 式：会议鉴定

组织鉴定单位： 国家文物局 （盖章）

鉴 定 日 期：二OO三年九月二十五日

鉴定批准日期： 二OO三年九月十五日

国家科学技术委员会

一九九四年制

鉴 定 委 员 会 专 家 测 试 报 告

“风化褪色的古代壁画、文物彩绘、建筑彩画的恢复与保护”鉴定委员会根据中国科学院西安光学精密机械研究所、西安综合岩矿测试中心、西安文物保护修复中心对该项目有关性能提供的检测结果作以下认定：

一、根据中国科学院西安光学精密机械研究所空间光学研究室对未处理颜色样本和已处理颜色样本进行光谱识别测量后所得出的：“从测量结果来看，所得到的光谱曲线的特征是一致的，可以判定两个部分的颜色是一致的，对古文物上的颜色还原并没有改变颜色的光谱特征。”之结论：鉴定委员会认定，恢复保护材料未改变文物颜料的光谱特性。

二、根据西安综合岩矿测试中心、西安文物保护修复中心提供的表面光电子能谱、X 衍射、扫描电镜能谱成分分析等检测报告中对春秋彩陶残片、苍颉庙壁画、唐乾陵彩俑混合颜料、胶料层检测后所得出的：“检品 S1-1 与 S1-2 两者物质表面（检测深度<10nm）组成一致”、“检品 S2-1 与 S2-2 两者物质表面（检测深度<10nm）组成一致”、“所有被检样品恢复前后的无机物质组成成分均无变化”之结论，鉴定委员会认定：恢复保护材料未改变文物颜料、胶料层的物质组成。

鉴定委员会主任委员：王丹华 签字

2003 年 9 月 26 日

鉴定意见

受国家文物局委托，陕西省文物局于2003年9月25~26日主持召开了“风化褪色的古代壁画、文物彩绘、建筑彩画的恢复与保护”项目鉴定会。

鉴定委员考察了实验现场，听取了课题组的研究报告，一致认为：

一、立项目标明确、技术路线合理、达到预期目标。

二、首次从光散射角度提出了文物彩绘、建筑彩绘、壁画的颜料、胶料风化的褪色机理，颜色恢复的解释科学，有重大突破。根据机理研制了显色、加固材料，其配方科学合理，协同功能清楚，效果理想，具有实用价值。经七年多的跟踪观察，所用材料稳定，检测结果证明未改变原有颜料的光谱特性物质组成。

三、课题组提供的检测分析资料齐全，数据翔实可靠。

四、经中国科技信息研究所检索，未见国内外有相同的报道。该项科研成果达到国际先进水平。

建议：进一步完善加固修复工艺，对不同质地的彩绘文物扩大恢复颜色及加固的现场试验，逐步推广应用。

主任委员签字：王丹华

2003.9.26